報告集の発刊にあたって

　図書館が資料を提供するという機能を超えて知の広場へと変わりつつある現在、図書館と出版界がどのような関係を構築できるかは、出版文化維持のために必要な再生産の循環や、活字文化の将来を見通すときにますます重要になると考えています。

　進展を続けるデジタルネットワーク社会のなかでの読書という営みは、これまでわたしたちが抱いてきた読書という概念を大きく変えようとしています。この先にどのような知の基盤としての本がつくられ、どのように読者に届けられていくかを予想することは困難ですが、あらたな創造を生みだし再生産の役割を担う出版と、公共性を維持し、知を市民に届ける場を提供する図書館の役割は将来にわたっても変わることはありません。それゆえに前提としての両者の相互理解と協働は持続的に継続されていく必要があるのです。

　本報告集は、2017年10月に開催された第103回全国図書館大会（東京、於・国立オリンピック記念青少年総合センター）において、「公共図書館の役割と蔵書、出版文化維持のために」をテーマに、日本書籍出版協会（＝書協）が行った第21分科会の記録集です。全国図書館大会においての書協主催の分科会の開催は2015年に引き続き今回で2回目になります。図書館を知り、出版の現在を伝え、今後の関係構築への道を拓いていく、本報告集により伝えられる現在の姿が著作者や流通に携わる方々を含めた多くの関係者の目にふれ、さらなる議論の活性化につながっていくことを心より願っています。

一般社団法人　日本書籍出版協会　図書館委員会

目　次　　「公共図書館の役割と蔵書、出版文化維持のために」

1．報告集の発刊にあたって（日本書籍出版協会　図書館委員会）……………（ⅰ）

2．第 103 回全国図書館大会　第 21 分科会　記録

第1部　発表報告………………………………………………………（3）

　　司会進行　成瀬雅人（㈱原書房社長・書協図書館委員会副委員長）

　　①持谷寿夫（㈱みすず書房・書協図書館委員会委員長）………………（7）

　　　　　　　　　　　　　　図書館界と出版界の協働の現在と今後

　　②根本　彰（慶應義塾大学文学部教授）　出版と図書館を考える …………（10）

　　③松井清人（㈱文藝春秋社長）　文庫は借りずに買ってください…………（23）

　　④岡本　厚（㈱岩波書店社長）　総合出版社の立場から ………………（33）

第2部　パネルディスカッション　コーディネーター　　持谷寿夫 …………（41）

3．「出版と図書館」アンケート・質問項目　集約結果……………………（51）

4．分科会を終えて
　　1．根本　彰　「図書館での文庫本の貸出」について ……………………（61）
　　2．松井清人　図書館は文庫を貸し出さないでください ………………（64）
　　3．岡本　厚　全国図書館大会第 21 分科会　アンケートを読んで………（67）

5．図書館関係者からのコメント
　　本分科会に参加してみて、図書館と出版界との関係と協働について考える
　　1．千野国弘（山梨県立図書館）………………………………………（71）
　　2．池本幸雄（元国立国会図書館副館長）……………………………（74）

6．まとめの言葉にかえて ………………………………………………（77）
　　図書館と出版界は卵とニワトリ？　森　茜（公益社団法人　日本図書館協会理事長）

第1部　発表報告

成瀬（司会進行）：第103回全国図書館大会第21分科会「公共図書館の役割と蔵書、出版文化維持のために」を始めます。日本書籍出版協会（以下、書協）が主催しての分科会です。私は、全体の司会進行を務める、書協図書館委員会副委員長の成瀬と申します。よろしくお願いいたします。

　それではまず、日本書籍出版協会理事長、相賀昌宏よりごあいさつを申し上げます。

相賀：皆さん、こんにちは。日本書籍出版協会理事長の相賀昌宏です。

　実は、本を読みたくてもなかなか本を読むことができない人たち、それから本を読みたくても経済的に買えない人たちがいること、そしてその人たちの心の痛みというものを、私たちは自分の心の中に持っていなければいけないと思っています。自分たちの経験ということもあるのですけども、非正規雇用の人が増えていることなど、いろいろな問題があって、そういったことを実感しながら仕事をしています。

　具体的には、例えば経済的な問題で言いますと、「やっぱり値段の高い本買えないな」とか、「新刊みたいなものはなかなか家計のこととかを考えると買えない」とか、あるいは時間的なことでは介護があったり、病気療養中であったり、朝から晩まで働き詰めであったり、あるいは夜だけ働いているとか、ほんとうに忙しくて時間的なものだけでなく、いろいろな意味で本を手に取ることが難しい方たちがいらっしゃる。それから身体機能的にも、視聴覚障害、高次脳機能障害、あるいはいわゆる識字障害というディスレクシア、さらには精神的な問題を抱えた方、身体能力的に本のページがめくれないとか、車椅子でなかなか書店や図書館へのアクセスができない。そういった方たちに本や、情報、文字、文章をどう届けるかというのは、私たちの社会的責務だと思っています。

　実はこういう方たちに対してどうしたらいいかということは、過去にも出版の歴史の中でずっと考えながらやってきているのです。ちょっと古い話になりますが、皆さんの多くがまだ生まれていない1926年、ちょうど大正から昭和へと移る頃に、円本ブームがありました。当時は本が高かったのですが、それを「1円で売ろうよ」と言って作ったのが

「円本」です。これが大成功して300種類ぐらい出たのですが、徐々に3円、4円、5円と値上がりし、必ずしも円本じゃなくなった。その1926年の翌年に、岩波茂雄が岩波文庫を出したのです。このときの刊行の理由が、「より廉価版で、小型版で経済的に苦しい人たちも本を読めるようにしよう」ということで、岩波書店さんが出したのです。

円本は、実は新しいビジネスモデルでした。全集の予約をしてお金を前払いするという買い方だったのです。だから、出版社としては、先にお金が入って印刷会社にお金を払えるというので、割と小資本の出版社がどっと参入してきたというのが、ある意味で非常に画期的だったのです。しかし、300種類ほど出ると、今度はそれを買えない人たちも生まれてきた。そこで岩波書店さんは、もっと安くて手に入りやすくて、しかも全集じゃないものも出そうということで文庫が大きく広がっていったのです。

1930年には、図書館協会が社団法人になっています。たぶんその頃は、一挙にいろいろな全集などが出て、図書館も資料購入が大変だったんだろうと想像するのですけども、世の中の人ができる限り本に接触する場を広げようという当時の機運があるなかで動いてきたという歴史をわれわれは持っています。

では、今、われわれは読書環境をどういうふうに見ているか。まず一つは、読書環境というものを、いつも目配りしなくてはいけないのですが、一方で出版物の販売環境、つまり書店やネット書店も含めて売っている部分も必要なので、この2つのバランスの折り合いをつけていかなきゃいけない。なぜかというと、本を読む人が作家になり、クリエイターなり書き手になっていく。同時にそれが売れないと、また次が続かない。つまり、読書環境と販売環境との折り合いをつけながら、新たな執筆者や作家、創作者を育成するというのもわれわれの仕事であり、このバランスを取りながらやっているわけです。

その読書環境の一番重要な位置にいるのが図書館です。公立図書館は全国に約3,300（2016年現在）。公民館というのがこれから重要になるかと思っているのですけど、これは約14,000（総務省統計局2015年調査）あり、実際に本を置いているのは6,000ぐらいということを聞いています。小中高合わせて約32,000の学校図書館（図書館協会2015年調査）。これはもっと充実させていかなきゃいけないし、それか

ら大学図書館は約1,400館（図書館協会2016年現在）。そして博物館も4,400あって、これも活用によっては、新たな本との出会いの場になる可能性があると思います。こういったある程度無償に近いものに加えて、古書店が2,200、新古書店——ブックオフに代表されるのが1,200あり、そして漫画喫茶が1,000、レンタルブック店が2,200、こういった安く買えるといったところも読書環境の一つです。

そして、新刊書店です。正確には数字が出ないのですけど、全国で1万3,000店あります。さらにネット書店は、数というよりは全体の売り上げの約1割が、そこで買われています。さらにスマホやタブレットで本を読む。これも金額でしか表せていませんが、約2,000億円の売り上げがあって、今の新刊書店ルートで売れているお金の約12％に相当します。それがデジタルで読まれているというような世の中になっているわけです。

読書環境を非常に大事にし、その動向なども見ながら、こういった販売環境との折り合いをつけていく。その中で新たな書き手とかクリエイターを見出していく。この循環のどこかのバランスが崩れるといろいろ問題がでてくるのです。そのた

めには図書館と出版界が、いろいろな課題をお互いに出し合って議論を深めていくことが、実はとても大事だということです。われわれとしてはこの数年、結構、本音を出し合って、「ここが気になるのだけど、何とかならないの」「実はこれ、誤解してるよ」とか、そういうやりとりを継続してきています。この分科会が行われていることもその現れです。

さらに言いますと、何といっても図書館の資料購入費がずっと減り続けているという状況があります。われわれとしては、特に専門書などの場合、やはり買っていただかないとやっていけないという現実問題もあることから、資料費、図書館関連費の増額のための活動を図書館協会と一緒にやっています。しかし、実際に動いてみると、なかなか難しい。そこで今は、まちづくりとか、地域活性化というコンセプトを取り入れて、利用者の方のためにも役立つ出版物、図書館、もちろん出版社もそこに関わらなきゃいけないと思っていますが、そういう中で、「予算は必要だよね、だから地方交付税をそちらに少し回そうよ」という、より目的も明確にした形での資料購入費増額への活動を一緒に展開をしています。

こういう形で、図書館協会、図書館と出版業界、あるいは書店も含めて、お互いに話をしていく必要があります。少し前に、私はある文芸関係の作家と話をしました。その作家は、「自分はお金がないとき、本当に図書館に助けられた。だから、やっぱりお金がない、なかなか本の読めない人たちが図書館に行って、新しい作家が生まれることは自分にとってもうれしい。でも、なかなかそういうことを言いにくいというのもあるんだよね」と
いうようなことを言っていました。だから一つの意見とか考え方だけを世の中にばっと流すよりは、実はいろいろな人たちがいて、
考え方があって、いろいろな議論がされていくことが大事だと私は思っています。
　私ども出版社の考えの一端をご披露して、
今後の議論に何か役立てばと思い、お時間をいただきました。どうもありがとうございました。

成瀬：相賀理事長、ありがとうございました。
　それでは、登壇していただく皆さまをご紹介いたします。
　最初の報告者が、みすず書房相談役、日本書籍出版協会図書館委員会

委員長、持谷寿夫さんです。2番目に報告されるのは、慶應義塾大学文学部教授の根本彰先生です。続いて、文藝春秋社長の松井清人さんです。最後に、岩波書店社長の岡本厚さんです。
　それではお待たせいたしました。これから報告に入ります。最初の報告は、「図書館界と出版界の協働の現在と今後」と題し、持谷さんからお話をいただきたいと思います。よろしくお願いします。

図書館界と出版界の協働の現在と今後

持谷寿夫（㈱みすず書房 相談役・書協図書館委員会委員長）

初めまして。みすず書房の持谷です。相賀理事長のお話しには、私が報告することの、かなりの部分が入っています。書協と日本図書館協会、言い換えれば出版界と図書館との間で、今どのようなことをし、今後何をしようとしているのかをお話します。

お互いを知ること

私自体も図書館とのつながりはずいぶん深いのです。出版営業という仕事の中で、図書館への訪問も続けていきました。同時に、私たちが刊行する出版物が図書館という場を通して読者にどう届いていくのか、マーケットとしての図書館というビジネスの視点とも併せ、図書館の存在を意識しなければならない。これは個別の社ばかりでなく、出版界としても必要と感じていて、そのためには図書館との間でさまざまな交流や研修の場を持たなければならないという思いを抱きながら現在にいたっています。

長い間、図書館の方たちとふれあっていて思うのは、やはり互いをよく知らないままにいるということです。出版には分野毎に見合ったビジネスのモデルがあり再生産の循環をしています。同様に図書館にもそれぞれの地域や場で、見合った役割を果たしています。そうした互いの多様性を知ることなく単一に捉えるのでは、共通の認識と議論は成立しにくい。まず知ることから始めるのが必要であって、出版界全体としても、その機会をつくることが大事なのだと考えています。

かつては専門書の出版ですら約3,000 という初版部数を製作していました。初版3,000部という数字は、必要なところにはほぼ行き渡るし、足りなければ増刷でまかなえるというボリュームです。ところが時代は移り、今は約2,000部が平均と言うところまで下がっています。その数で循環のモデルを作らなければならない。この数の減少がさまざまに影響してきています。価格が高くなるということもありますが、それ以上に広く届けられなくなるということがおこります。数が少なければ、拡げることはできません。基盤となる書店の数も減少しています。ネットでの供給も有りますが、需要のすべてをまかなうわけにはいきません。長い視点で見たときにはこ

うした数の減少が大きな課題になっています。モデルの違いはありますが、おそらくどの出版社も抱えている状況だと思います。であれば、読者との接点としての図書館の機能はますます重要だと認識しなければならないし、そうした現在の出版の困難な状況を図書館側に知らせることも大事なのではないでしょうか。

これまでの取り組み

　2014 年東京国際ブックフェアにおいて「図書館・出版、変わりゆくコミュニティのなかで」というテーマではじめてシンポジウムを開催しました。図書館の役割も変化している、出版という営みも変化しています。それを最初に知ることから始めようという主旨でのシンポジウムでした。当時、文藝春秋の社長であった平尾隆弘さんにお話ししていただき、書店の方にも加わってもらいました。市民と一体となったユニークな活動を続けられている佐賀県の伊万里市民図書館の古瀬義孝館長（当時）もお招きして、現在の図書館の姿を直接に伺いました。

　2015 年は「地域と生きる図書館」と題し、読書環境の大事さは、地方の方が大都市圏より以上に切実に感じられているだろうということ

で、熊本県熊本市、福井県鯖江市、宮城県名取市の図書館の３人の責任者の方に、このときは皆さん女性の方でしたが、それぞれの地域の実情も含めてお話しを伺いました。さらに同年の全国図書館大会の第 13 分科会では「出版と図書館」というシンポジウムを開催しました。これは、出版側からそれぞれの分野、文芸、実用、児童、学術、からどういう出版活動をおこない、どういう再生産の構造を持っているかをお知らせしようという意図をもって開催しました。ご存じのように文芸書分野からの提言も大きくあり、開催後に『「図書館と出版」を考える』という冊子を作成、会場からの質問やアンケートも加え、さらに持続的な議論を深めようと心がけました。

　それから 2016 年は、「図書館で本を選ぶ」という具体的なテーマとし、図書館での選書はどのようにおこなわれ、何が課題なのかを取り上げ、実際の選書に携わっていらっしゃる図書館の方々、また、選書や蔵書構成をどのように考えるかをテーマにして、東京国際ブックフェアで開催しました。

　図書館は地域と密着しており、まちづくりという視点からの図書館の存在を考えることも重要であると、この間、私たちが図書館協会と一緒に、図

書館関連費用増額要請活動をしていくなかで実感していました。そうした図書館の役割をアピールしていくことも必要だということで、2016年に図書館協会が全国の図書館を対象に「図書館とまちづくり」の調査を行いました。この結果発表も合わせ7月に東京でシンポジウムを開催、書協は協力というかたちで参加しましたが、この場でもさまざまな事例のなかから、有効な知見を得ることができました。こうした活動を継続し現在にいたっています。

そして、今回の図書館大会は、「出版文化維持のために」という直接的なテーマを設定しました。文藝春秋の松井社長、岩波書店の岡本社長に、図書館と自らの出版活動について併せてお話ししていただきます。そして、出版と図書館の関係について、協働すべきとの観点から考察を深められている慶應義塾大学の根本先生には、出版と図書館の現在、歴史的な経緯も含めてお話ししていただくことにします。

次の読者へつなげるために

冒頭に戻りますが、出版と図書館をつなぐものは出版で言う書籍、雑誌も含めたいわゆる「本」です。図書館では資料という言葉に置き換えられますが、この本であり資料である出版物を、次の読者へつなげていくためには何が必要なのかを考えることは、この出版が不透明な時代にますます重要になっているという意識を持っています。その本を選ぶということについて図書館の方々とお話をしていきたい。どういうかたちで、どういう場で話をするのかは分かりませんが、実際に本を選んでいる図書館から声を掛けていただき、本について語り合う場が持てれば、それに加わりたいと思っています。そうした場をつくることによって、さらに先へ共通の理解をもつことができるのではないかと感じています。読書環境の厳しい今だからこそなおさら本について話す場を確保していき、「本」の存在を広く伝えていきたい。どうやってどういう本を選び選ばないのか。こうしてお話ししているのは、出版に直接的に携わる私たちだけでなく、図書館もともに出版の再生産の循環の一員であるということを共有し、現在の厳しい状況をどう打開し、出版文化を守っていくか、それを皆さんと一緒に考えたいという思いで報告させていただいています。

私の話はこの辺りにして、根本先生、松井社長、岡本社長の順にお話ししていただきます。活発な議論を拡げていきたいと思います。

出版と図書館を考える

根本　彰（慶應義塾大学文学部 教授）

　慶應義塾大学の根本です。私は図書館に関わってもう40年近くになります。やっぱりこの40年でずいぶん変わったなと感じています。今、こういう場で大手出版社の社長さんを迎えて、図書館と出版の関係を議論するような機会が来るとは思っていませんでした。そういう意味では感慨深く感じています。今日は、基本的には日本書籍出版協会の主催ですので、私はどちらかというと図書館界の代表というスタンスでお話しすることになろうかと思います。

公共施設の中の図書館の性格

　この会場の中には、私は図書館と出版の間を取り持つような役割をこれまで果たしてきたという認識をお持ちの方もいらっしゃると思いますし、図書館界の立場に立った議論をちゃんとしてくれるのかと不安に思っている方もいらっしゃるかなとも思います。しかし、相賀さん、持谷さん、お二人のお話にもありましたように、両者は最終的には同じ目標というか、着地点を目指しているわけです。ただその途中の戦略の違いとか、もちろん営利企業と非営利の違いがある。特に公共性を持った機関として美術館・博物館なんかと比べても図書館という場がお金を取らないことからくる難しさがあります。その辺の戦略の違いというのはどうしてもあるのですが、最終的には一致点があるのではないか。そのようなことをお話ししてみたいなと思います。

　書物文化を支える重要なパートナーである両者が部分的にぶつかるところはあるかもしれませんが、それは短期的な戦略の問題ではないか。長期的には恐らく、次のデジタル書籍文化を見据えて、デジタルネットワークの進展でもう既に一部始まっている状況の中で、それぞれがどういう戦略で、どのように進めていくのかということが――今、ここでそれを議論するわけではないのですけれども――皆様の頭の片隅にあって、この場が設けられているのではないかと思います。その前哨戦というか、最初の議論の場というのがこういう場なのかなと思います。

　先ほどの相賀理事長のお話にもありましたが、著者・出版・流通・市民、そこの間に図書館というのが入るようなルートが通常考えられるものです。

そういう意味で、もう一つの流通パターンということになります。いろいろ批判もあるように、図書館の場合、1冊を購入するとそれが複数の利用者によって借りて読まれる可能性がある。実際にそれが問題視されるレベルで起こっています。それをどう考えるかということが大きな問題だと思います。文化的な媒介とか2次的な流通とかさまざまな言い方がありますが、要するには市場と公共性というものをどういうふうに調整しながら次の状態をつくっていくかということです。今申したように、公共的な施設の中には美術館・スポーツ施設・文化施設、さまざまあるのですが、だいたいお金が媒介されます。そうすると市場構造に近いものが一応はできます。ところが図書館の場合、無料であるということで、市場なしに動いている部分が大きい。そこら辺をどう考えるかは理論的にもかなり難しい問題を抱えているのです。

出版界を取り巻く状況の変化

これまでの議論ですが、先ほど持谷さんからも報告がありましたが、出版物の売り上げが全体に減少しているということがあります。よく引かれる例で、書籍だけを取っても売上は1997年をピークにしてそれから20年で29%減少し、それと共に書店数の減少が続いています（下・折れ線グラフ参照。公益社団法人全国出版協会・出版科学研究所「2017 出版指標年報」より本書編集部引用）。

特に雑誌は1990年代の後半ぐらいがピークで、その後半分くらいになっている。書籍に関しても同じ頃にピークがあって3割程度は減っています。

書店に関しても見てみましょう。次のグラフ（P12・グラフ参照。http://www.garbagenews.net/archives/1985414.html より発表者引用）は、2000年度の初めから2015年ま

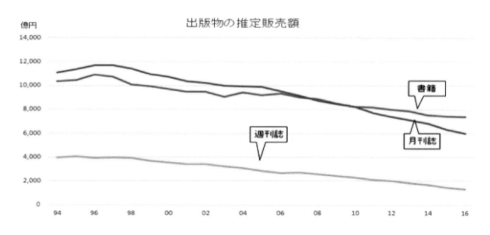

での変移を示しています。

総店舗数（＝棒グラフ）はずっと減ってきています。丸印のついた線は総坪数と売り場面積を合計したものの変移ですが、2010年くらいがピークでその後は減っている。つまり途中までは大規模な書店に徐々に変わっていくのだけど、書店数の減少がそれを上回っているので、その後は総坪数も減っているという状況があります。

原因探しですが、これもよくいわれる話を整理してみただけですが、紙からデジタルへと、一般的な情報行動の変化というのがよく言われることです。特にスマートフォンです。電車に乗っていても、昔は文庫本とか新聞とか雑誌を読んでいる人がたくさんいたのに、今やほとんどスマートフォンをのぞいているだけという、よく見られる風景になっています。それからインターネットによる情報検索が情報行動に大きな変化をもたらしことがあります。

次に市場構造の変化です。出版物の市場は、多品種少量生産です。先ほど持谷さんが述べられたように、昔は初版を3,000部刷れたのだけど、今は2,000部になっている。3分の2です。そういうふうに1点当たりの部数は減っているということがある。その割には、出版点数は増えてきたわけです。これは結局、1点当たりの売り上げが減っている分、たくさん出す必要があるということなのかと思います。書店に関しては大型店のみが生き残るという構造があり、ネット書店によるものがかなりのシェアを占めるようになっている。

他方、期待されていた電子書籍の

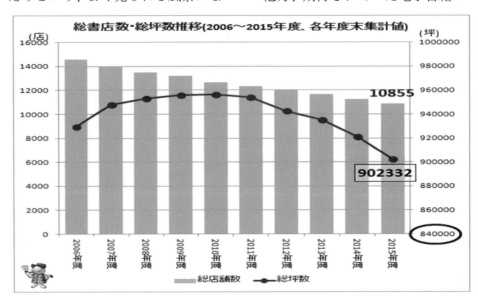

流通は、期待されたほどの市場には
まだなっていない。これはさまざま
な問題があろうかとは思いますが、
そのビジネスモデルがまだ確立さ
れていないということなのかと思
います。唯一コミックが大きく伸長
していて、電子書籍流通の8割ほど
を占めているといわれます。

読み手の変化

こういうことが、図書館のことを
除いて、よく言われる話なのですが、
やはりもっと根本的な理由という
のを考える必要がある。一つは書籍
の販売を支えていたのはやはり戦
後教養主義とか、戦後民主主義とか
呼ばれた、要するに戦後世代から団
塊の世代、それからその少し下の世
代であった。もっと下がっていくと、
本を読むという習慣がだんだん見
られなくなっていくわけです。活字
を通じて自分を形成するような考
え方の位置付けがだんだん小さく
なっていく。そういう意味で活字世
代の高齢化ということがあって、こ
のままいくと本当に活字世代はい
なくなってしまう。私の世代からも
うちょっと下の世代までは本を当
たり前のように読む。だけどもっと
下の世代、大学生なんかに聞くと
「新書なんて一度も読んだことが
ない」ということを平気で言う。私

が所属する大学でもそういうこと
を言う学生がいたりして驚かされ
てしまうのですが、そういう状況が
あります。

子どもの読書推進は出版界も含
めて国を挙げて取り組む課題で、成
果を上げたというふうには言われ
ています。恐らく、やはり小学生く
らいまでは、かなり綿密に朝の読書
だとかさまざまな仕掛けをやって
成功していた部分はあります。問題
はその上の世代です。10代、公共図
書館で言えばヤングアダルト世代
です。その世代になると、本を読ま
なくなってしまうということがい
われるわけです。

それからデジタルミレニアム世
代と呼ばれる、デジタルネットワー
クが当たり前になってから生まれ
た世代の情報行動は全く違ってき
ている。このことはアメリカでも深
刻な学力低下の議論とつなげてよ
く指摘されます。日本でもネットか
ら入って全てスマホの画面を通じ
て世界を見たり、世界とつながった
りするという情報行動が今後の社
会状況のさまざまなことに関わっ
ていくだろうと思います。もう既に
一部現れていますし、今後ますます
それが進行するのではないか。その
ことはやはり、活字文化に関わって
きた者としては考えておく必要が

あります。

図書館の増加と出版産業への影響の実態

　図書館についてもデータ（下・グラフ「図書館貸出冊数と書籍販売部数の推移」http://www.1book.co.jp/005528.html より発表者引用）を見てみましょう。2005年から2014年までを示してい

図書館貸出冊数と書籍販売部数の推移

ます。公立図書館は、2005年から少しずつ増えています。それに対して書店はずっと減っています。図書館の貸出冊数を示している△印の線は2010年を機に、書籍販売部数（×印の線）を抜きました。

　書籍の販売部数と貸出冊数、これを見せると図書館の貸し出しが書籍の販売部数を上回って、これだけ貸し出されて読まれているのだということがよく話題にされたりもします。確かにこれは印象深いのですが、これを単純に比較してはいけ

ません。よくご存じのとおり図書館は雑誌もDVDも貸していますし、何しろ古い本の貸し出しも含めての数値です。この書籍の販売というのは1年間の販売部数ですから、そもそもこれは比較できないものを無理やり比較していると考えたほうがいいかと思います。けれども傾向としてはこういうことが起こっているわけです。

　図書館貸し出しを出版不況の原因とする主張というのが前からあって、新刊書の複本による貸し出しが書籍売り上げと著者の印税収入に影響を与えている可能性があるから、そこを何とかしてくれという要請があります。

　そういうことは、これまでも議論がありました。メディア等でそういうことが語られることもありました。1970年代から何期かにわたって、作家・著作者・出版関係者・書店関係者から、図書館は無料貸本屋であると言われました。特に予約による複本の大量貸し出しが出版売り上げに影響を与えているという批判があったことは事実です。これをどう受け止めるかはそれぞれだと思います。

ただ何期かあると申しましたが、1990年代末から2000年代初めに、出版界と図書館界のあいだで一緒に議論がされたことがあります。これは皆さんもご記憶の方が多いかと思いますが、2003年に図書館協会と日本書籍出版協会が共同で「貸出実態調査2003」というのを行って、ベストセラー本とか各賞を受賞した新刊書が図書館でどのくらい借りられているのかというのを調査したことがあります。あまり刊行から近いものはまだ途中だからということで、発行後3年以上を過ぎた本の図書館提供率というのを調べたのです。図書館提供率というこの指標が適切かどうかも議論はあるのですが、一つの目安だとは思います。これは要するに貸し出しと書籍の発行部数、これを合計して所蔵数を引いたもの、要するに図書館で借りられた本と売れた本、これを両方合わせてその中で貸し出しがどのくらいの割合を占めているのかを見たものです。これは、さまざまな本について一覧表があったわけですが、一部の書籍で5割を超えるものがあったけれども、だいたい発行後1年くらいのもので2〜3割程度でした。この調査は、どちらかというと議論に対して一種の冷却効果があったかと思います。つまり、

普通言われているほど貸し出しは多くはないということが、この調査で一応示されたということです。

公貸権の議論

同じ頃に、著作権を議論する文化庁の審議会の場で、著作者の権利を保障する立場から公貸権という権利の法制化を検討する動きがありました。公貸権というのは、図書館の貸し出しに対して著作者に経済的な保障ないしは別の形の制度的な保障、社会保障的なものも含めて、何らかの意味で図書館の貸し出しによって減少していると思われるものに代わる保障を提供するという制度的な考え方です。ヨーロッパ、特にEUではどこでもこれを採用して普及しています。同じようなものを日本でもやろうかという話まではいったのですが、さっきの冷却効果が影響したのかどうかよく分かりませんが、そこでは必ずしも合意は得られず、その後、これを制度化するという動きにはなぜかなっていません。著作者のそういう主張と、それから出版社の主張、あるいは書店の主張はそれぞれちょっとずつ違う。重なっている部分もあると思うのですが、その当時、著作者の主張に対する公貸権の検討があったが制度化に至らなかったことは指

摘しておきたいと思います。

データに基づく議論の必要性

2010年代になってから、もう一度議論が起こっています。それは、著者の方からの意見として、「この本は図書館での貸し出しを半年間しないでほしい」とその方の本に明記したことが契機になりました。そういうことがあって、2015年の日本文芸家協会主催のシンポジウムで貸出中止にすべきではないかという発言がありました。その場に私も参加していましたが、ともかくそういう意見を伺う場であったと、私はその場を理解しました。

2年前のこの場で、新潮社の佐藤社長から、「図書館の貸し出しによって増刷できたはずのものができなくなり、出版社が非常に苦労している」という発言がありました。これがメディアで報道され、かなり大きく取り上げられたことで、出版危機対策としての図書館での貸出猶予という言説が一般化して、また議論が起こったわけです。

どこを見ているかという話なのですが、先ほど著者の方と、書店の方と、出版社の方、これはそれぞれちょっとずつ意見が違うのではないかということを申しましたが、その前にどこを見てどのように批判しているのかということを考えてみましょう。私は、これらの発言がきちんとしたデータに基づいてどこまで議論したのか、主張しているのかということには若干疑問があって、要するに自分が利用している図書館とか、あるいはOPACを引いて、ネットで引いて、それで多いなと、こういう印象で発言されているケースが多かったのではないかという気がしています。そういう方がお住まいなのは、やっぱり図書館の利用が多い自治体です。それが全国に問題なく普及しているわけでは全然なくて、かなり特別な所を見ていた節もある。私も憶測で言っているので、根拠があって言っているのではないのですが、全国的にそこまで貸し出しが多くはないのではないかと考えます。

それから複本という言葉はよく使われたわけですけれども、これが何なのかについての誤解があったということは多分にあったと思います。つまり、複本というときに、1つの図書館当たりの複本なのか、それとも1つの自治体全体、つまり複数館の図書館システムの複本なのかという問題です。図書館のOPACを引くと、通常、一つの自治体の複数館の蔵書が検索できます。そこには「何冊」と出ているわけで

す。これは１館でそれ全部を持っているわけではない。だから図書館の数で割る必要があるのですが、その辺をどこまで理解した上で貸し出しが多いと発言していたのは疑問に思ったことがありました。あと議論としては、人口が多ければ、複本というか同じ本が多いのは当たり前であり、人口当たりの所蔵数と貸し出し数のようなデータに基づいた議論が必要だったと思います。

図書館が抱える問題点

他方、図書館側が批判される理由も何かあったのでしょうか。その一つは、やはり、ここは図書館協会の図書館大会の場なので私もあえて申しますが、やはり要求に沿った資料提供というスローガンだと思うのです。これは一つの戦略です。それは非常に成功した面があるのですが、その成功は、あるところまでは有効だったけれども逆効果ももたらします。今こういう議論をしているのも、たぶんそういう逆効果の一つかと思います。

それから、やはり司書がきちんとした選書をするというのは前提であるのだけれども、それが機能していなかった部分があった。これはよくいわれる話です。ちょっと後でまた触れたいと思います。

それから選書システム、選書ツールです。つまり今の機能不全と関わっていますが、ほんとうに書籍をきちんと見て選書しているのかという問題です。何かツールがあってそれに載っているからそこから選ぶ。その載っているツールそのものが、もうある狭い範囲のものに限られていた可能性もあります。忙しい時間の中で仕事をしなければならない図書館の現場であるということは理解できるのですが、図書館が選書によって資料提供という基盤的なサービスを形成するものだとすれば、やっぱりそこをきちんとやっておく必要があるということです。

あと寄贈本の問題についても言われます。買われたものを提供するだけではなくて、誰かが買って読み終わったものが寄贈されてこれをどんどん回していくやり方です。これは図書館にとっては購入費がかからないのでありがたいのですが、出版社にも著者にも利益にはならないということはあると思います。

大きくいえば、やはり図書館についての自治体の教育文化政策がきちんと形成されていないのではないかという問題、つまり戦後に形成してきたような活字文化と呼ばれるようなものが国民の一番基礎的な教育力に関わっているのだとい

う理解、あるいは、それを支える図書館をきちんとつくっていかなければならないというような考え方が欠如していたのではないかと思います。

図書館に関する社会科学的研究

比較的最近なのですが、図書館に対する社会科学的研究が増えています。幾つか紹介しますと、中瀬大樹さんという方が、全国の都道府県と関東地方の市町村の貸出数、それから出版販売部数のデータを用いて統計学的な分析をしています。（中瀬大樹「公立図書館における書籍の貸出が売上に与える影響について」2011 年度政策研究院大学大学院修士論文 http://www3.grips.ac.jp/~ip/paper.html#paper2011）これでいうと、都道府県データでは有意な影響関係は認められない。それから市町村データでは図書館の貸し出しが多いと販売部数に正の影響、つまり貸し出しが多いほど販売額も多いということで、それほど影響はないというのが結論です。

それから、今年になって2つの計量経済学的な研究が出されています。浅井澄子さん、貫名貴洋さんの研究です。（浅井澄子「公共図書館の貸出と販売との関係」『InfoCom Review』Vol.68, 2017. 貫名貴洋「図書館貸出冊数が書籍販売金額に与える影響の計量分析の一考察」『マス・コミュニケーション研究』No.90, 2017.）図書館の貸出数が書籍販売数に与える影響を計量経済学的な手法で分析しています。いずれの方も因果関係は認められないとしています。浅井さんは、公共図書館は書籍販売に大きな影響を与えるプレイヤーではないと判断され、貫名さんは両者、これは貸出冊数と書籍販売金額の関係ですけれども、この間に因果関係の存在を認めることはできないと、最終的には結論づけています。ただし、今挙げられた研究者の方がいずれもおっしゃっていますが、これは総貸出数と総販売数の関係を見ているだけなのです。つまりマクロで見れば影響はない。あるいは逆に図書館の貸し出しが多ければ販売も多いみたいな関係もあるということです。けれども、恐らくは批判されている方は違ったところを見ているわけです。プロの作家の方の主張は、やはり生活がかかっているということで、そういう方が出される文芸書の貸し出しがどうかというところだけを見ています。それから商業出版社の方は、当然自社商品の売り上げを考える。重要な商品、特に一番力を入れて売りたいところが、図書館でどんどん

借りられると困るということがあります。書店としてもやはり売れ筋の本が売れないような状況は困ると言うでしょう。なので、もっと個別の側面を研究していく必要があります。

先ほどの持谷さんの、3,000部が2,000部になったというお話の、その1,000部の減少は図書館が買うようになったからというわけではないだろうと思います。また、今2,000部買われているとしても、図書館がその中でどのぐらい買っているかということも考慮する必要があります。つまり、市場としての図書館ということと、市場を侵食するものとしての図書館と、この2つの面があります。まだその辺の研究は十分に行われていません。そこら辺は細かくこれから検討していかなければならないことだと思います。

図書館サービスのうち、資料提供は一つの核ではありますが、以前に比べるとさらに多様なサービスを行う方向に向かっています。昔からレファレンスとか地域資料、地域情報の提供ということをいわれていましたし、障害者支援、子ども読書、学校支援、広場・出会いの場づくり、課題解決支援、それから生活支援等々のさまざまな新しい課題が出てきていて、資料提供を中核にしながらそうした方向にも広げていっているという現実があると思います。

遅延的文化作用

さきほど触れた戦後の文化政策というのか、文化の全体の広がりの中で、私が特に考えたいのは「遅延的文化作用」という概念です。こういう言葉があるわけではなくて、今日の議論のために私が考えてみたものです。

左のグラフの二つの曲線は、販売数が多い、あるいは貸出数が多いとお考えください。そうすると、時間の経過に伴って、出版物の販売というのは比較的

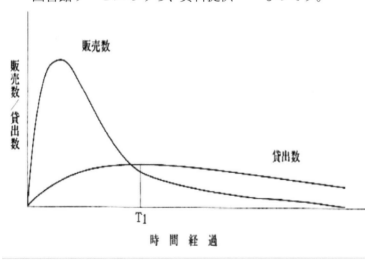

早く立ち上がって徐々に下がっていく。そういうカーブになります。

だけど図書館は、言うまでもないですが、どうしても遅れて資料を入れざるを得ない。そして販売と比べるとゆるく立ち上がり、ゆっくりと下がっていく。これは一つのモデルにすぎません。全体としてみると、図書館は出版流通市場の後追いをしているということです。これを「遅延的文化作用」と呼びます。市場よりも文化的なものを追求しているということです。

この全体を積分すれば総販売数と総貸出数が出るわけです。販売数より貸出数が多いということが、特定のものについての議論として実際起こっているのです。それから最近いわれるのはやはり、最初の立ち上げの部分の重要性です。

ここのところを図書館がどんどん最初の時期から貸し出して非常に困ると。その部分が大事だということです。だから「貸し出しの半年猶予」というのはこの遅延作用をもっと意識した運営をしろということです。その辺の関係を、もっと細かいカテゴリー別にきちんと見ていくことが、出版と図書館の関係を見ていくのに重要なのかなと思います。

児童書出版と図書館

もう一つ申し上げたかったのは、児童書出版の問題です。

これも私の感覚的なものですが、児童書提供は図書館と出版との関係の最良のモデルではないかと思います。子どもたちに良い本を読ませたいということで、家庭文庫とか地域文庫運動、それから石井桃子さんの『子どもの図書館』(岩波新書)。こういう子どもたちにいい本を読ませようという運動が、図書館と出版社とが協働しながら形成されてきて今に至っていると思うのです。だって児童書は1冊の本が図書館にけっこうたくさんあるわけじゃないですか。複本が図書館に置かれているのです。

だけど、児童書の出版社がそれに対してクレームをつけるとか、あるいは児童書の著作者がクレームつけるといったことは聞いたことがないと思うのです。これは図書館サービスにきちんと組み込まれながらも、市場と図書館がいい関係と循環をもって形成された例ではないのかなと思います。そのときにやはり重要なのは、児童担当司書の専門職としての位置付けです。児童担当の職員は他の職員よりも、選書、児童書の知識、それから読み聞かせ・

ストーリーテリング等のイベント等でさまざまな専門的活動をすることで、そういう相互関係をうまくつくってきました。それが最終的には出版と図書館のいい関係をつくるのに貢献したのではないかと思います。

出版文化の再定義を

では、文庫・新書はどうなのかというのが、たぶんこの後の議論になるのかなと思いますが、一言最初に申し上げておきます。先ほど紹介した文化的遅延作用という概念を用いると、市場というか出版社にとって文庫というのは通常、一度発行したものをもう一回、出すわけですね。最近はそうではないものもありますが。その点では、出版社は自ら遅延的な市場を形成してきたわけです。それに対して図書館も同じ機能でやっていくとします。そうすると部分的にぶつかるところがあるのかもしれません。

出版社もなかなか厳しいところがあって、その遅延的な部分であったはずの文庫本も今は重要なマーケットを構成する一部になっているように見えます。そのような遅延的作用の変容ということが、つまり図書館と出版社と何か重複した部分を抑えようとしているわけです。

だから図書館ではこういうものをどう提供するのかということが話題になるのかなと思います。

図書館経営と人の問題ということを申し上げますと、司書の不在、司書機能の不在とさっき申しました。あと指定管理ということが、今、議論になっていることと密接に関わっていると思います。やはり効率主義、量的な評価みたいなものに関わるようになると、どうしてもたくさん貸すことが至上命令になる。本をどんどん貸し出すという方向にいく可能性はあるわけです。その辺、指定管理を別に悪者にしたいわけではないのですけれども、自治体がこういうものを選択するというときの意図やその戦略が問われます。文化を媒介する作用を取り戻すための働き掛け、それをもう一度取り戻す、考え直す必要があります。司書というのはそういうことをやる重要な任務を持っているわけですが、そこが実際の中で、うまく位置付けられていないような政策的な問題があるかと思います。

これもご存じだと思いますが、次のグラフ（P22・グラフ参照。「文部科学省『社会教育調査』平成27年度」より発言者引用）は専任司書の平成5年から平成27年までの間の変容を示しています。

21

専任の人が減っていて、非常勤の司書がこれだけ増えています。こういう形で専任がどんどん減っていくような状況の中で、非常勤と指定管理の司書が支えている部分があるわけですけれども、そういう人たちの待遇とか、あるいは研修だとか、そういうものが極めて重要な問題に関わってくると思います。

その意味で、書物文化というものの再定義が必要です。これは昔から言われていることで、何ら新しいことではないのですが、短期的な情報とかデータというのと、蓄積して時間をかけて受容すべき知識・知恵といったものとの関係をどうやってつくっていくのか。図書館は、両方に関わってはいますが、市場をベースにした短期的なものを長期的なものに変換するような役割を図書館は持っていたはずです。

新しい書物文化の提供システム考えるときに、著者、出版社、書店、ネット、図書館、教育機関、これら全てが担い手になるという意識が必要で、そういう協働作業をきちんとつくっていく必要がある。この場もそういう議論をする場なのだ思います。

以上で私の話を終わりにさせていただきます。ありがとうございました。

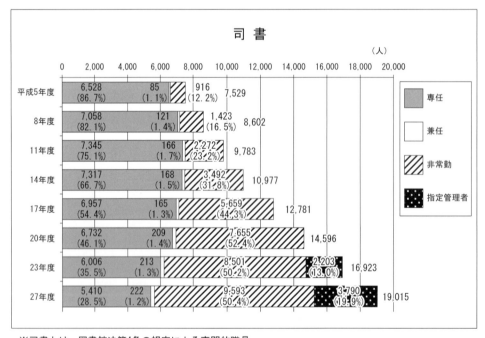

※司書とは、図書館法第4条の規定による専門的職員。
※平成17年度及び平成20年度調査の非常勤の職員には、指定管理者の職員を含む。

文庫は借りずに買ってください

松井清人（㈱文藝春秋 社長）

文藝春秋の松井でございます。最初に申し上げておきますけれども、私がこれから述べることは、400社以上の出版社が加盟している日本書籍出版協会の共通見解ではもちろんありませんし、あまたある文芸書系出版社の総意でもありません。業界を代表して図書館に対して何かを要請するという立場にはありませんし、権限もありません。昨日、朝日新聞に、「文庫本貸し出し中止を図書館に対し要請へ」という見出しで報じた記事が載りましたけれども、これは全く不本意です。それをまた、今日のこの大会の前日に報じるという、そういうルールを無視したやり方にはちょっと怒りを感じています。

今日私が申し上げるのは、あくまで文藝春秋の代表取締役としての私の見方、考え方です。ただその考え方に賛同してくださる文芸書系の出版社も少なからずあるとは思っています。

出版社における文庫の位置づけ

まず出版社において文庫というのはどういうものなのか。文庫は、ひとつの作品がある過程を経て最後に文庫になるのですけれども、それはどういう道筋でなっていくのか。出版社における文庫の位置付けをお話します。もっと直接的な言い方をすると、文庫が出版社の収益の柱にどうしてなっているのかというようなことをお話しして、その上で、図書館は文庫の貸し出しをやめていただきたい。これはお願いであり、それが議論の出発点になればいいなと思っています。

文庫の位置付けというのを具体的にお話しする前に、今、文庫市場がどれだけ低迷しているかをお話ししなければなりません。文庫の売り上げが大幅に減少し始めたのは2014年のことです。出版科学研究所によりますと、販売金額で前年比6.2％、販売部数で7.6％の減少となりました。この7.6％とか6.2％という数字は、文庫というのは母数が大きいですから、相当な落ち込みです。さらに翌15年には金額で6.0％、部数で7.0％の減少。16年には金額6.2％、部数7.2％の減少。ずっと歯止めが利かない。毎年毎年大きく減っていくという状況になっています。14年はリーマンショックがあった年で、日本全体の経済状況がほんとうに冷え込みましたから、6.2％、7.6％減少しても仕方がないなと思

っていました。日本経済が冷え込んでいるときにある程度悪くなることはしばしばありましたけど、時間とともにじわじわと立ち直っていった。しかし、これ以降の落ち込み方というのは、正直、驚きです。今年に入ってもその凋落に歯止めがかからないどころか、さらに加速しているのではないか。それが、われわれ文芸書系出版社の偽らざる実感です。

文庫と図書館

　最近、文庫を積極的に貸し出す図書館が増えています。それが文庫マーケット低迷の原因だなどと言うつもりは毛頭ありませんが、全く無関係ではない。少なからぬ影響があるのではないかと私は考えています。これに関するデータは、ほんとうに少ない。集めようと思ってもなかなか見つからない。それでも、文芸書系出版社の雄である新潮社の方が調べてくださったところによると、いくつかの図書館が、全蔵書数のうち文庫の占める比率、そして全貸出数の中で文庫がどのくらい貸し出されているかという数字を公表していました。本日は地方の図書館からいらっしゃっている方もたくさんいると思います。地方では、まだ実感がないかもしれませんが、

全体の蔵書数のうちどのくらい文庫が占めているかというと、ほとんどデータはないのですが、全国平均で大体 6％から 7％ぐらいだと言われています。大したことはないと思われるかもしれませんが、大都市周辺、特に駅に近いような図書館ではこの数字がかなりアップする。大幅にアップするといっていいでしょう。データを公表している図書館を新潮社の方が丹念に調べてくれた資料を見ますと、これは平成 27 年度の数字ですが、東京・荒川区の図書館は蔵書数が 52 万 7219 冊で、うち文庫が 9 万 4503 冊。17.92％が文庫です。そして貸出数も公表されているのですが、文庫の貸出数は全体の 25.6％、つまり貸し出された 4 冊の本のうち 1 冊は文庫という数字になっているのです。同じく板橋区の図書館では、全体の蔵書数が 110 万 3341 冊で、そのうち文庫が 16 万 5117 冊。比率は 14.97％。約 15％です。そして貸出数の比率は 21.7％に上っている。ただしこれは新書を含む数字で、5 冊に 1 冊以上の割合で文庫や新書が貸し出されている。

　それから豊島区の例があります。豊島区は一般蔵書数が 56 万 1147 冊。うち文庫が 7 万 4161 冊。蔵書数の比率で 13.22％。貸出数の比率で 23.6％になります。もうひとつ、三

鷹市のデータがあって、51万7187冊の蔵書のうち、文庫が6万41冊。つまり蔵書数比率が11.61%。これは文庫のみで、貸出数の比率は16.92%に上っている。やはり大都市で駅に近い、ないしはその周辺というのは、置かれている文庫の数が多く、しかも貸し出し数も非常に多いと言えるのではないでしょうか。

都心にある図書館の公表されている数字を挙げましたけれども、地方の図書館でも、例えば新潟市立図書館のホームページを見ると、「利用者の方々からご要望の多かった文庫本コーナーを岩室図書館に新設しました。文庫はまだ約550冊ですが、今後もどんどん増える予定です。是非ご利用ください」とあったり、市川市立図書館では「全ての新刊発行部数の約35%を占める文庫本。市川市の図書館でも文庫本コーナーを設けています。それぞれの文庫の特徴や装丁などにも注目し、また違った視点から文庫本を楽しんでみませんか」と書いている。そうやって地方の図書館のホームページを見ていくと、文庫に力を入れようという動きが明白に出ていると思うのです。少なくとも加速していることは事実なので、今このとき、私はあえて、この問題を提起したいと思ったわけです。

出版社の収益の柱としての文庫

後で岩波書店の岡本さんの話がありますけど、文庫というのは、岩波文庫と、文春・新潮文庫ではだいぶ違います。それぞれに色合いが違う。ただ、われわれ文芸書系出版社にとっては、文庫の売り上げというのは、実は出版社を支える屋台骨と言っていいのです。意外に思われるかもしれませんが、文庫は多くの版元の収益の柱となっているのです。こういう数字を外に出してはいけないとうちの営業に怒られそうですが、わが文藝春秋でも最大の収益部門は、実は文庫です。収益全体の30%強を文庫が占めています。今、『週刊文春』が"文春砲"で世間をお騒がせしていますし、『文藝春秋』という古くからの月刊誌もあります。それらの雑誌もずいぶん貢献してくれていますが、『週刊文春』で収益全体の23%ぐらい。文庫は30%を超えるのです。『週刊文春』とか『文藝春秋』のように長く部数トップの座を保っている雑誌をも上回る収益を上げる、それが文庫なのです。

ですから、文庫市場が凋落するということは、文芸書系の出版社にとって死活問題であり、何よりも著作権者、つまり作家にとってもこの上

なく深刻な事態なのです。実際、著名な作家の皆さんから、ほんとうに文庫が売れなくなった、増刷がかからなくなったという、切実な声がわれわれに届いているのです。

出版社の6つの機能

なぜ文庫が収益構造の柱になっているのか、出版社の内情をご説明しないと分からないだろうと思います。

出版社には、6つの機能があるといわれています。出版界にデジタル化の波が押し寄せてきた頃、もう7年ぐらい前のことなのですが、著作権の第一人者である福井健策弁護士のセミナーに行ってみたところ、福井さんが「デジタル化の時代にどんな出版社が影響力を保ち続け、生き残ることができるのか」という話をされた。そのとき「そもそも出版社には6つの機能がある」とおっしゃったのです。

1番目の機能は、発掘・育成機能。つまりフィクション・ノンフィクションの雑誌などを通して、作家や書き手を発掘して育てる。文春でいえば、フィクションの雑誌は『文学界』と『オール讀物』。ノンフィクションの雑誌は月刊『文藝春秋』であり『週刊文春』です。こういう雑誌を通して、特に文芸の世界で、作家や書き手を発掘し育てていくという機能です。

2番目が、企画・編集機能。作品の創作をサポートしたり、時にリードする。これは編集者の仕事です。

3番目が、ブランド機能で、著名な文学賞や強力な雑誌媒体の信用によって、作家や作品を紹介し推奨する。わが社には、芥川賞・直木賞という文学賞があります。

4番目にプロモーション・マーケティング機能というのがあります。作品やその掲載誌を宣伝し、さまざまな販路を通じて展開する。つまりこれは、宣伝部とか営業部の仕事です。

5番目が投資・金融機能です。いま挙げた1から4までの機能に関わるさまざまなコストを全て負担するのも出版社です。

6番目にマネジメント・窓口機能。作品が映像化されたり翻訳されたりするときに、出版社は窓口や代理を務めます。

この6つの機能を出版社は持っているのですが、そのとき福井さんに、「6項目のうち何項目を満たせば影響力のある出版社、すなわちデジタル化の荒波の中で生き残れるのか」と聞いたところ、福井さんは「出版社の規模の大小に関係なく、6項目全てを満たしていなければならな

い」と。そうでなければ出版社というのは影響力を保てないんだと。逆に言うと、この6項目に関わる人員のコストと時間の全てを出版社は担わなければならない。その中から日々新たな作品が生まれ、それを育てていくということになるわけです。

「最終形」としての文庫

文庫というのは、そうやって生み出された作品の、いわば最終の形です。「最終形」と私たちは言っています。文芸作品が文庫化されるまでには、基本的な流れとして、まず雑誌への掲載があります。文藝春秋でいえば『文学界』や『オール讀物』に掲載する。あるいは文学新人賞に応募するケースもあります。うちなら松本清張賞とか、オール讀物新人賞、文学界新人賞、こういう文学賞に応募していただく。その中から、これは出版に値すると判断したものを単行本の形で出す。そして、さらに選りすぐった作品を文庫にする。それが基本的な流れです。その過程で出版社というのは、さっき挙げた6つの機能を全て果たすために、多くの人と時間とコストを注ぎ込んでいるのです。

文藝春秋を例にとりますと、純文学なら『文学界』、エンターテインメントなら『オール讀物』という文芸誌に掲載する。そこを出発点とするケースが多いわけですが、実は文芸誌の読者はかなり前から激減していて、2つの文芸誌だけで、それぞれ年間億単位の赤字になります。ただ新しい作家の発掘・育成をするために、どうしても必要な雑誌として発行し続けているわけです。

さて、雑誌掲載された作品がいよいよ単行本になるわけですが、実は単行本というのもほとんど赤字です。もちろん高名な文学賞を受賞したりして大ベストセラーになる作品もあります。うちで言えば、おととしから去年にかけて、又吉直樹さんの『火花』が単行本だけで260万部ぐらい売れましたけれども、これは20年に1度のことで、大半の文芸作品というのはそんなに部数が伸びるものではありません。文藝春秋ではノンフィクション、フィクションを合わせて月にだいたい20冊ぐらいの単行本を出しますが、そのうち黒字になるのはせいぜい20%。つまり4冊ぐらいで、5冊黒字になったらたいしたもので、あとは全て赤字なのです。

文芸系出版社の矜持（きょうじ）

それでもわれわれ文芸系の出版社は本を出し続ける。なぜか。それ

は、出さなければならない本、後世まで残していかなければならない本、売れる、売れないにかかわらず、そういう作品を出していかなければならないという、いわば文芸系出版社の矜持だと思っています。

おとといの10月11日、中央公論新社が主催する谷崎潤一郎賞の贈呈式がありました。受賞したのは新潮社から刊行された松浦寿輝さんの『名誉と恍惚』という作品です。この本の価格は5,400円です。文芸書でこの価格はあまり聞かないですよね。何部刷ったのかはわかりませんが、2,000部から3,000部くらいかなと思います。いずれにせよ、この作品は絶対に後世まで残る作品だという強い確信の下に刊行したのだろうと私は思います。内容はもちろん装丁も素晴らしい。工芸品といってもいいような見事な本です。谷崎賞を取るか否かは関係ない。こういう本を出版することこそが、文芸出版社の矜持ではないでしょうか。

良書を刊行し続けるために

この作品に象徴されるように、われわれが出さなければいけない本というのは必ずあって、どうしても残さなければいけない良書というものがあるのです。そのために版元

は、どこかで稼がなければいけない。単行本を毎月20冊出して4冊しか黒字にならない。あとは赤字。これではもちろんやっていけないわけで、どこかで大きな収益を得る。実はそれが文庫なのです。

文庫というのは廉価です。価格は安いけれども、多くの部数を刷ります。単行本は初版何千という部数が普通ですが、文庫で何千というのは、少なくとも文藝春秋にはありません。かつては、最低部数でも3万とか4万でしたが、今や1万……、1万はめったにないですけれども1万5000ぐらいのものは珍しくありません。それぐらい厳しくなってきましたが、いずれにせよハンディで廉価だから手に取ってもらいやすい。そして販売期間は非常に長い。本屋さんにずっと置いてもらえます。シリーズになれば、欠品の補充をしながら息長く売れていくのが文庫です。

若い読者はもう単行本では買わないで、文庫化されるのを待っている。文庫になるまでじっと待って、出た瞬間に買うという読者もたくさんいます。そのせいか、作家の中には、単行本はあまり動かないけれども、文庫になると一定の数がちゃんと売れるという人が何人もいるのです。だから文庫というのは、計

算が立ちやすい形態ともいえます。単行本は計算しにくい。出してみないと分からないところがあります。われわれは、さまざまな投資を文庫で回収している、それが文芸書系出版社の偽らざる本音です。

ですから、ちょっとかっこ良過ぎるかもしれないけど、良書を刊行し続けて作家を守る。そして版元の疲弊に歯止めをかける。そのために必要なのが、文庫が生み出してくれる利益だと言っても過言ではないのです。ですから文庫マーケットの低迷は版元にとっても、そして作家にとっても命取りになりかねない重大事であると言えると思います。

『人文会ニュース』という雑誌に、佐藤達生さんという方がこう書いていらっしゃる。「図書館がなくても出版業は成立しますが、出版業がなければ現代の図書館は成立しない」。「図書館は著者、出版社や流通業といった出版業界に依存して成立しています。その観点から、図書館はもっと出版界の現実に関心を持つべきだと思います」。ある意味、われわれ出版業界の思いを代弁してくれていますが、「図書館がなくても出版業は成立しますが」というのは、たしかに正しいけれども、必ずしもそうとは言い切れない。実は出版社も図書館に依存していると

ころがあるからです。

それはさっき述べたような少部数の本、初版 3,000 部から 5,000 部の本を出すときに、どこが買ってくれるかといえば、それは図書館なのです。例えば芥川賞を受賞した作家が、受賞作に続く本を出したときにも、発行部数に関係なく 1,000 部とか 1,500 部とかを図書館が購入してくれる。資料として揃えてくださるわけです。3,000 部、4,000 部の中の 1,000 部というのはすごく大きい。そこでは間違いなく図書館に支えられている。だから良書を出版できると言っても過言ではない。実はそれでも赤字になるのがつらいところなんですが。

出版社がなければ供給源がなくなるわけですから、確かに図書館は成立しない。でも、疲弊する出版社を図書館がぎりぎり支えてくれているという側面もある。

しかし一方で、繰り返しになりますけれど、作家にとっても版元にとっても、収益の柱である文庫を貸し出されるのは相当につらいことです。先ほどお話した大都市の、限られた図書館の例を挙げて全体を推し量るつもりはありません。しかし、文庫をどんどん蔵書に加えよう、どんどん貸し出そうという動きが加速していることは間違いないと思

います。

　このシンポジウムの打ち合わせのとき、司会をされている成瀬さんが教えてくれたのですが、愛知県安城市の図書館に行ったとき、そこには安城市出身の作家である沖田円さんの全ての単行本と全ての文庫本がきちんと陳列されていた。でも、そのほとんどが禁帯出だった。館長さんの思いは、「書店で買ってください。地元出身の作家をそうやって支えましょう」ということだそうです。無料で貸し出してしまったら、作家には1銭もいかない。だから書店で買ってほしいと、この図書館長はおっしゃっているそうです。これは、私が考えている図書館の理想形のひとつです。

本を好きになるきっかけ

　先日、私は高校の同窓会に出席して、旧友の読書体験を聞いてみました。何がきっかけで本が好きになったのかという話をしたのです。みんな最初は、お母さんやお父さんに連れられて図書館に行き、児童書、絵本を読んで、本の面白さに目覚めた。それはほとんど一致しました。そのまま、ずっと図書館に通い詰めているやつもいましたが、面白いことに、小学校の高学年から中学生くらいになると図書館からちょっと離れ

る。スポーツに打ち込んだり、クラスの女の子が好きになったり、他に関心が向いて、ちょっと本から離れる時期があったりする。だけど本の面白さは頭に焼き付けられていますから、中学の高学年とか高校になったときにふっと本屋に行って、初めて自分の小遣いで本を買う。

　それは私も同じでした。私が初めて買ったのは、東京創元社から出ているエラリー・クイーンの『Yの悲劇』だった。文庫です。買って読んだ本の影響力は、借りてくるものと全然違う。借りて面白くなければ、50ページも読まずに放り出しちゃうけど、自分の小遣いでやっと買った本は、最後まで必死で読み通す。頭に入ってくるものが全然違う、身に付くものが違うのです。それから2カ月ぐらいたって、ゴールディングの『蠅の王』を買いました。新潮文庫です。私はもう66歳ですが、この本は今でも本棚の一番目立つ所にあります。いまだに自分にとってのベストなのです。そういう本が自分専用の小さな本箱にだんだん溜まっていく。読書の習慣とか面白さを最初に教えてくれたのは図書館でしたが、自分の小遣いで買った本が書棚に並んでいく喜びを教えてくれたのは本屋さんでした。

　やがて私は犯罪ものが好きにな

り、関連するさまざまな本を読むようになりました。この種のノンフィクションは、すぐに書店から消えてしまうので、図書館に行って手当たり次第に読んだのです。大学生の頃です。そんなとき、みすず書房から出た『日本の精神鑑定』という本に出合います。これは名著中の名著で、犯罪の勉強をしようと思ったら必ず読まなければいけない。出版されたのは、私が大学4年のときでした。なんと6,000円！ 1973年の6,000円ですから、買うのは無理です。だから図書館で読むしかなかった。代表的な事件の精神鑑定がほとんど紹介されていて、興味のあるものを必死で読んだ記憶があります。現物をようやく手に入れたのは、会社に勤めて10年ぐらいたったときでした。6,000円の『日本の精神鑑定』、それは私にとって、図書館でしか出合うことができない典型的な本なのです。

読者のマインドを変える

　私が本日、一番申し上げたいのは、読書のマインドの問題なのです。話題の本は借りて読むのが習慣になっている利用者があまりに多いのではないか。その習慣が少しでも変わるように、本は借りて読むものではなく、買って読むものだという意識をもっていただきたい、マインドを変えたいということです。複本でも何でも、問題の根幹にあるのは、本は買うものではなく借りるのが当たり前という利用者の意識です。文庫も新書も図書館に置くようになれば、「文庫も新書も借りられるんだ」となる。私は、この習慣というかマインドを変えなければいけない。出版社が生き残るために、作家が書店が生き延びていくためには、そのマインドを変える必要があると思っているのです。

　朝日新聞に記事が出た直後、会社に抗議の電話がかかってきました。72歳のお年寄りが「われわれみたいな年金で暮らしている人間は、本を読んじゃいけないと、そういうことを文春の社長は言いたいのか」と。私は「そうじゃありません。私は文庫に限定して話しています。文庫でなくとも、あなたが読みたい本は図書館にたくさんあるはずです。探してみてください」と話したのです。そうしたら「私にはこれが読みたいという本があるんだ」と。「それがたまたま文庫なんだよ。私が読みたい本を置いてないなら図書館じゃない」とおっしゃるから、「それは違うんじゃないですか」と。「もしも図書館にあなたの読みたい本がなかったら諦めてください」と。「だ

って無料で読むんですから。贅沢言わないで、別の本を探すしかないですよ」と話したら、苦笑して「そうか」と電話を切られました。

　私の甥っ子は月頭の土曜日になると、神奈川県のある図書館に本を借りにいきます。文庫を30冊ぐらい借りる。家族4人の名義で40冊まで借りられる。これを毎月繰り返すのです。だから、図書館で借りた文庫ばかり読んでいる。私はものすごく複雑な気分になる。甥っ子が読書好きなのはいいけれども、つい「文庫くらい自分で買えよ」と言いたくなるんです（笑）。

　最初に言いましたように、図書館が文庫の貸し出しをやめても、一気に文庫の売り上げが回復するなどとは全く思っていません。出版不況の内実はもっと複雑で深刻です。ただマインドを変えるきっかけにはなると思うんです。図書館ではやっぱり文庫は扱っていないんだ、それなら本屋で買うしかないな、文庫ぐらいは自分で買うか、と。せめて文庫は自分で買おうという、そういうマインドがつくられていくことが大事だと思います。図書館の皆さんには、文庫を扱わないことで、作家・版元・書店の手助けをしていただきたいのです。文庫の貸し出しがどんどん加速している今、ここで

ちょっと歯止めをかけなければ、という思い。私の真意はそれに尽きます。全然まとまりのない話を聞いていただき、本当にありがとうございました。

総合出版社の立場から

岡本 厚（㈱岩波書店 社長）

図書館という公共性

　皆さんこんにちは。岩波書店の社長の岡本と申します。

　先ほどからのお二人の話を聞いて、今、どうしてこういう話になっているのかなと思っておりましたが、結局、本そのものが売れなくなってきているからです。出版社はもちろんビジネスとして本を出しているのですが、年々売れなくなっている、市場が縮小している。一方で、公共図書館などは非常に充実し、かつ数も多くなってきている。この二つの要素がぶつかったり、あるいは協業をしたりということの中に現在があるということでしょう。

　根本先生のお話の中に、市場と公共性のバランスといったことがありました。私としても、「図書館にもっと買ってほしい」とか、あるいは「このジャンルだけは買わないでほしい」といった、ビジネスの話だけで終わるのでは少し寂しい。出版というのはもちろんビジネスで、企業としてやっているわけですから、利益を出して維持していかなきゃいけないのだけれど、同時に公共的な側面をもっています。本を読むこ

とによって一人一人の人格を育てていく、あるいは考える力を育てていく、そしてそれを通じてよりよい社会をつくっていく。これが本という存在の大きな役割だと思います。本を通じて、いろんな多様な考え方を知る。他者——自分や家族や親しい者以外の者——の考えとか、発想とか、価値観とか、感情などを知ることが、その社会にとって安定をもたらすと思うのです。

　相賀書協理事長は、よく「出版は多様性が大事なんだ」と言われますけれども、その通りだと思います。出版は、多品種でいろんな形の本があることが大切なのです。今日、私は学術書のことも申しますが、学術書もあれば漫画もあれば、小説もあれば画集もある。これが本の世界だと思います。多様性が不可欠です。

　そして、図書館はもちろん公共性そのものです。しかしその中で、最近は、「市民」というよりは、「消費者」に対してどう向き合うかという要請が出てきている。消費者から要望される本については、複数それを購入するようにしなければならないといった傾向が出てきました。公共性の中にも、一種の市場性というものが出てきている。

　ただ、大きく見てみれば、出版社の人間も図書館の人間も、本を読む

人間の共同体、あるいは本は良いものだと考える人たちの共同体に属しているのです。そして、その共同体をともに大きくしていく、育てていく、そのことによってこの社会を、あるいは一人一人の人生を良きものにしていく、出版社も図書館もそうした共通の責務というか、任務があるのではないかと私は思っています。であれば、「公共性」という言葉をキーワードにして、出版界と図書館界が何らかの協働ということができるのではないかと思うのです。両者は、矛盾・葛藤だけではないと思います。

先程のお話の中に、矛盾だけではなくて協業という言葉も出てきました。ぜひそれをともに追求していきましょう。

読者のありようの変化と出版

松井さんは文芸書系の出版社だと言われました。出版社もほんとうにさまざまです。岩波書店は専門書系総合出版社という言い方をしています。出版社は元来どういうところから出発したかによってずいぶん性格が違うのです。文藝春秋は『文藝春秋』という雑誌から出てきている出版社で、それが原点みたいなものだと思います。岩波書店は漱石の『こころ』から始まった出版社

で、漱石没後の翌年に『漱石全集』の刊行を開始しました。それが出版社としての出発です。その後、漱石の人脈に連なる作家や門下生たちの作品、さらに哲学書や自然科学書、そのシリーズや全集などを出してきました。これが岩波書店のいわば原点になります。

岩波書店は今年（2017 年）で創業 104 年になりますが、創業当時は日本の近代化がようやく一段落したときでした。明治維新から自由民権運動などの争乱を経て、日清・日露の対外戦争も終わったころで、多くの若い知識人たちが、国家や社会など共同体について考えていたものが、次第に、自分とは何か、自分はどう生きるべきかといったことを考え始めた時代でした。華厳の滝から飛び込んだ藤村操は、人生をいかに生きるべきかを悩み抜いた末に、「曰く『不可解』」と木に刻んで自殺しましたが、彼も漱石の弟子の一人です。中島岳志氏は、そういう人たちを「煩悶青年」と呼びましたが、多くの「煩悶青年」が出てきた時代でした。こんな時代に、岩波書店は出発をしました。

本を読む動機のひとつには、やはり何か悩みというか苦しみというか、考えなければならない、考えたいというところにあるでしょう。だ

から、岩波書店が、創業後の早い時期に刊行した哲学叢書など、最初はどれほど売れるか心配されたのですが、各巻驚くほどの売れ行きを見せたというのです。自分はどう生きるべきなのかと自らに問う「煩悶青年」が多くいたからこそ、売れたのでしょう。

こういう傾向は戦後しばらくもそうでした。あの大戦争の後、「何であんな戦争をやってしまったのか」という反省もあり、教訓もあり、あるいはどうやってこの社会を次に復活させていくべきか、復興させていくべきか、多くの人たちが悩み、考え、いろんなものを求めて読み始めていった。いわゆる「悔恨の共同体」という言い方もありました。戦後、高度成長に伴って、本の売れ行きも上がっていきましたが、その原点にはやはり戦争の悲劇がある。しかし、それがある程度落ち着いてくる70年代、80年代ころになると、たとえば『僕って何』（1977年）という小説がありましたが、近代に入ったある時期の、自分とは何か、どう生きるべきかと青年たちが煩悶したのと同じような時代に入っていたのだろうと思います。

それでは、それからさらに30年以上経った今はどういう時代なのか。どう生きるべきかを悩む人、社会や国家について考えている人は、表面的には少なくなったように見えますし、本も軽いエンターテインメント的なものが多くなった印象です。しかし、その中で、自分とは何か、どう生きるべきか、考えていないはずがありません。私にももちろん答えはないのですが、これまでにないものが今、本に求められているのかもしれません。根本先生が、戦後、団塊の世代が本を読む世代だったが、彼らが定年退職を迎え、本を読む人が少なくなったとおっしゃいましたが、同時に、本を読む動機を持つ人が減ってきているのかもしれない。でもそれだけではないはずです。誰もが一人一人、良き生を求めていろんなこと考えているのではないか。それに答えるものをまだわれわれが出し得ていないのかもしれません。

岩波書店のいま

岩波書店は総合出版社です。つまり、雑誌から新書・文庫・単行本から児童書、辞典まで手掛けています。それから岩波講座、シリーズ、全集、また専門書もたくさん刊行してきました。大勢の専門家を著者、編者、校注者として組織して、相当の準備期間を経なければ刊行できない企画、あるいは著者が人生をかけて探

求した成果を盛り込んだ浩瀚（こうかん）な学術書などは、岩波にとってとても大切な刊行物と位置付けています。

岩波書店の単行本のジャンルには大きく分けて文系と理系がありますが、その中でも、多くの読者を対象とする一般書と、読者が専門家や研究者あるいは専門家予備軍とも言える読者を想定した学術書とがあります。いまは同じ編集部で一般書も専門書も両方つくることになっていますが、少し前までは編集部が分かれていました。学術書は、作る部数は非常に少ない。先ほど松井社長が3,000部とか4,000部といわれましたけれども、学術書とか専門書になると、かなり少なくて、いまは1,000部前後、あるいはもっと少ないものもあります。たいていは頁数も多いこともあって、当然価格は高くなってしまいます。

岩波では学術書と一般書の間に、学術一般書という、これはたぶん岩波だけの言葉だと思いますけれども、学術的なものでありつつ、より一般の人に読んでもらうためにわかりやすく書かれた本と位置付けるものがあります。学術書であれば価格は高く、部数は少ない。一般書は部数を上げて価格は安くする。学術一般書だとその真ん中ぐらい。

岩波書店は自然科学書もずいぶん出しています。「科学ライブラリー」というシリーズは、一般読者を対象にしています。例えば『歌うカタツムリ』という毎日出版文化賞をいただいたおもしろい本がありますが、このシリーズは1,200円から1,300円、カラーだともう少し高くなりますが、そのぐらいの価格を付けています。ですが、同じ自然科学書のシリーズでも「数学叢書」という、難しい数式ばかりが並んでいる本などは、想定している読者の数は少ないので、少部数の高定価にならざるをえません。それでも、専門家や研究者には必要なので、買っていただけています。しかし、最近は、その中間、学術一般書の分野が一番厳しいんです。

学術一般書と申しましたが、この読者層がかつてはかなり多かったのです。いわゆる教養層というのでしょうか。この本は自分の専門ではないけど興味がある、こんな分野があるんだ、難しくないなら読んでみようか、ちょっと科学に関心があるんだけど、というような、そういう人たちが手に取ってくれたのです。このところ、そういう読者が減っている感じがします。一般書的な本の読者はいるし、専門書の読者は少ないけれど、おられる。そして、今ま

ではその真ん中の読者も非常に多かった。特に岩波みたいな出版社にとっては、そこは大きな市場だったのですけれども、その層が痩せてきているのではないかと思います。今、いわゆる格差社会というべきか、中間層が減っていると言われています。それと関係しているのかどうか分かりませんけれども、世の中全体に余裕がなくなったのか、自分の専門外だけれどこんな本は読んでみたいとか、歴史を勉強してみたいとか、数学は専門じゃないけどやさしい数学の本なら読んでみたいとか、そういう知的関心のある読者層がかなり減っている気がします。

岩波書店という総合出版社には、文庫・新書・単行本・児童書・辞典・雑誌、という多様な形がありますし、分野も人文社会・自然科学など広範囲にまたがっていて、その全体で成り立たせるという、そういうビジネスモデルです。先ほど松井さんは、文庫の収益が非常に多くて、全体の30%と言われました。岩波書店の場合も、やはり文庫・新書が非常に大きな収益をもたらす分野です。単行本は、松井さんの言われる通り、なかなか苦戦をしていて、売り上げの規模は大きいものの、利益という面では低いものが大半なのは確かです。

図書館は、読者と本の出会いの場です。それは松井さんが言われたとおりですし、私もそう思います。出版社にとっては読者を育ててくれる場ですし、本が好きな人の共同体を大きくしてくれる大切な場であると思います。相賀理事長は、執筆者もそこで育つし、育てられてきたのだ、と言われましたけれど、それもまさしくその通りです。と同時に、われわれから見たらビジネスの相手です。本を買ってくださる非常に重要なお客さまでもあります。

学術書の困難

学術書というのは、先ほども言いましたように、専門性が高く、正確性も要求されます。ですから、その編集や校正の作業は労力も時間もお金も大変にかかります。一方で、今、苦境にある書店さんにとっては、学術書や専門書は1年置いていても1冊売れるか売れないかの、回転の悪いものです。書店さんには敬遠される対象にもなるわけで、学術書は急速に売れなくなっています。

数年前にアメリカから来た日本人の研究者は、「アメリカではもう学術書はなかなか出せない」「少し前までは1,000部くらいはいったけれど、今や300部とか500部だ」と言っていました。大学の「助成金」

がなければ、成り立たなくなっていると言われ、「ああ、そうなのか」とその時は思いましたけど、それから数年たってみると日本も同じような状況になってきている。これはアメリカだけでなく、世界的な傾向なのかもしれません。学術書を出版する出版社にとっては、大学などさまざまな研究機関の図書館はこれまで以上に、販路として期待するところになります。

岩波文庫の「文庫」としての意味

　先ほど松井さんは文芸出版社にとって、文庫というのは最終形態で、そこで利益を回収しているんだと言われました。岩波文庫はそれとはちょっと違うのです。そういう違いを際立たせるために、今日はこの2人が呼ばれたのかなと思っていますけれども、岩波文庫はドイツのレクラム文庫を範にして、1927年、昭和2年に創刊しました。今年（2017年）で創刊90年ということになります。創業者の岩波茂雄は、古今東西の典籍のうち、読むべき価値のある本を厳選して、しかもそれを安く大衆の手に手渡したいということを書いています。古典、つまり古典的な価値のあるもの、人類が読み継いできたもの、時を経てもいまなお読むべき価値のあるものを

出す、ということだったのです。単行本を収録するビジネスモデルではないのです。創刊時の書目には『ソクラテスの弁明』や『古事記』がありますが、その精神はずっと現在までつながっています。例えば今、ディケンズの『荒涼館』という全4巻ものを出していますが、岩波文庫のための全く新しい翻訳です。『源氏物語』も新しい注釈で出し始めました。全14巻になる予定のプルーストの『失われた時を求めて』は今も継続していますが、これも全く新たな訳し下ろしです。30年前の訳を改訳や新訳の新版として出すこともありますが、単行本が文庫に入るのではないのです。岩波文庫で『大江健三郎自選短篇集』を出させていただいたとき、岩波文庫に入るならば、と、大江健三郎さんはかつて刊行された短篇に真っ赤になるほど赤字を入れ、いわば定本にしてくれました。つまり、文藝春秋や新潮社の文庫のように、単行本で出たものが数年たって文庫になるというビジネスモデルとは違う形になっています。

　ただ、岩波茂雄の志は、それまで大学の研究室にあった知識を大衆に手渡す、というところにあったので、たとえば本の天はアンカットのままにするなど、価格を徹底的に安

くした。これも有名な話ですが、いまは読者の方から「何か上のほうが汚いんだけど、取り替えてくれないか」などとクレームが来たりします（笑）。

　安く売りたい。でも安く売るということはたくさん売れなければ成り立たない。文庫は、多くの人たちが読んでくれないと成り立たないビジネスモデルで、これはどんな文庫にも言えることです。実際これまでは多くの人が読んでくださったのです。岩波文庫の売り上げで言いますと、新刊比率は１５％に過ぎません。残りは既刊書、つまり一年以上前に出したものです。岩波文庫はこれまでで累計６０００点を刊行してきました。全点在庫をもっているわけではないですけれど、毎年、毎年確実に既刊書が売れていく。

　文春文庫、新潮文庫とは利益構造は違いますけれども、やはり安いということは、それだけたくさん買ってくださらないと成り立たないということで、その意味ではまったく同じなのです。

　そして岩波文庫には、それこそ岩波文庫にしか入ってないものがほとんどですから、これは図書館には是非買っていただきたいと思っています。

岩波書店と図書館

　また、古典大系などの叢書やシリーズもの、あるいは全集や講座などは、個人ではなかなか、あれもこれもと揃えていくのが難しいものです。一方で、何かもう少し深く調べたいといった時に頼りになるのはこうしたシリーズや叢書で、こうしたものは図書館に買っていただくことで、出版社としても出しやすくなるという構造があります。

　図書館流通センター（TRC）のデータを見ますと、岩波書店の場合、ジャンル別では児童書を最も多く買っていただいています。次いで単行本です。それから新書、文庫の順です。意外と全集や講座などは少ないのです。最近のデータで見ても、講座・シリーズ・全集の場合は 50 部とか 100 部程度。『岩波講座 日本歴史』 などの読者の多い講座でも 200 から 300 部ぐらいでしょうか。1 年でそのぐらいです。もちろん、TRC 以外の経路でも買っていただいているので、全体としてはもっと公共図書館や学校図書館、大学図書館で買っていただいていると思います。カーリルなどで検索すると、今申し上げた TRC のデータよりも大きいようですので。

　単行本で図書館に買っていただ

いているものは、私の見るところ、比較的安価で、話題になっているものが多いように思います。これは当然のことかもしれませんけれども、図書館が買ってくださる傾向は、書店とあまり変わらない。ほとんど同じに見えます。これは購入費の問題や利用者の要望などを考慮すると当然そうなるということになるのかもしれませんけれども、出版社としては、例えばさきほど言いました学術書や専門書、そして講座やシリーズものなどです。それらを必要とし、それらに出会う人は少ないかもしれないけれども、個人では手の届きにくいそうしたものはやはり図書館に置いていただきたいと思います。それでも岩波書店の刊行物は、公共図書館においても大学図書館においても比較的購入していただいているほうだとは思っています。

本を支える存在としての図書館

他の出版社もそうですけれども、岩波書店では今、在庫が経営にとって大きな圧迫要因になっています。部数を絞って在庫をできるだけ抑えたい。しかしそうすると価格が高くなってしまう。この悪循環みたいなものがあります。この在庫対策という意味でも、POD（プリントオンデマンド）や電子書籍といった、新しい形態にも取り組んでいます。たとえば全集の中でも欠本の巻が出てきます。品切れた巻だけ重版するのはたとえ 300 部でも難しいことはよくあります。となれば、PODで作るとか、いろんな形できめ細かく対応していくことになります。そうなると一層、最初に初版として出た、本という形で揃えている図書館の重要性、意味というのは、利用者にとって大きなものになるのではないでしょうか。

本が売れなくなる。売れなくなると出版社としては点数を多く出す。部数は絞って点数をたくさん出す。するとまた部数は相対的に減る。こうなってくると本屋さんに行ってもどこに何があるか分からないぐらいの点数になる。そういう悪循環になります。そうすると、図書館は、その膨大な点数の中からどうやって選書するか、これが非常に重要になるでしょうね。先ほど、司書のお話が出ましたが、書店さんでも同じかもしれません。商品知識の乏しい人ばかりの書店では、本についていろいろと尋ねたり、あるいは選んだり悩んだり迷ったりする、来て楽しいところではなくなってしまう。ネット書店で買えばいいや、あるいはもう本は買わなくてもいいや、となってしまうかもしれません。こうし

た全体の構造の中で、今の図書館と出版社をめぐる問題が生じているのかもしれません。でも、図書館も、そして書店も、そういう場所になってほしくない。本は良いものだと思う人たちの共同体を一緒に少しでも大きくしていきたいと思っています。

第2部　パネルディスカッション

持谷：文庫本、いわゆる「文庫」と呼んでいるものを今日は取り上げられていますが、文芸系の文庫と岩波書店が刊行している文庫は、性格が違います。文庫というのはどういうような性格を持って、それが図書館でどう利用されているのか。根本先生、図書館での文庫についてどういう印象をお持ちになったかお話いただけないでしょうか。

「文庫」の多様な位置づけと変容

根本：文庫が最終形態というお話があったと思うのですけれども、昔は、単行書で出て、それからしばらく時間が過ぎて最終的に文庫になったわけですが、それが今は比較的早い段階で文庫にしてしまうんですよね。特に文芸系のものはそうだし、そうじゃない岩波さんでも最初から文庫にするものとか、文庫そのものが一つの販売の手法になっているという状況があると思います。

　ただ、私は今お二人のお話を伺った中でも、文庫はある程度、出版のサイクルの最終的に来るものとしての位置付けはあるかと思いました。もちろんかつてはその後に全集

のような最終版がありました。昔は
そうだったのだけど、今は文庫の形
が微妙に変わってきている。作家が
文庫化の際に新たに書き込んだり
するなど、いろんな形であるので、
やっぱり文庫を図書館の蔵書とし
て残したいという気持ちはあると
思います。そういう意味では、買わ
ないというか、積極的に蔵書にしな
いという選択は取らないと思いま
す。買っているのでいいじゃないか
と思うのですが、では、それをどれ
だけ積極的に「貸す」ということに
するのかという辺りで各館の考え
方が違う。

　出版社の戦略としても、最終版で
あると同時に、廉価版でできるだけ
そういうものを提供したいという
意図がありますから、ある程度配慮
しながら図書館としても選書する
という考え方がいいのかなと思い
ます。取りあえずそのくらいしか、
今の文庫については申し上げられ
ません。

持谷：岡本さん、先ほど文芸系の文
庫とは違うというようなことを述
べられましたが、図書館との関係で
岩波文庫というものの位置付けと
いうのをどのようにお考えになっ
ていらっしゃいますか。

岡本：岩波文庫については、長い間、
人類が読み継いできたものであっ

て今も読むに足るもの、また将来古
典になるものという判断をして選
んだものですから、図書館で買って
いただきたいと思っています。図書
館でも、できるだけたくさんの人に
読んでいただきたいと思っていま
す。そこは松井さんのところと、ち
ょっと違うかなと思います。つまり
岩波文庫にしか入っていないもの
があるわけです。単行本にしたもの
を岩波文庫にするということは、た
とえば今年出したウンベルト・エー
コの『バウドリーノ』など、ないこ
とはないのだけれども非常に少な
いですし、独自のものになっている。
先ほど大江健三郎さんの自選短編
について申し上げましたが、それは
まさに文庫がオリジナルなものに
なる。こういったものを図書館で読
んでいただくというのは、私はとて
もありがたいと思います。

持谷：2015 年の図書館大会でわれ
われが行った分科会のアンケート
でも出てきましたが、文庫の蔵書に
ついて図書館としては、文庫オリジ
ナル、もしくは文庫版は単行本とは
バージョンが異なるということか
ら、図書館としては蔵書とする必要
があるという意見は多かったわけ
です。松井さん、それの違いという
のが一体何かということも含めて
お考えをお聞かせください。

「文庫オリジナル」の捉え方

松井：確かに文庫オリジナルというのは増えているんです。これは蔵書にという見方もあると思います。ただ、単行本が先にあって、それが文庫本になるという時に著者の手が入ることは確かにありますが、例えば図書館を利用する人がその両方を読み比べるわけではないと思うんです。手を入れるといっても、ほとんどの場合、そんなに大幅なものではなく、大江健三郎さんのケースはかなり特殊だと思います。基本的には、単行本と文庫を読み比べる一般の利用者がいるとは思えません。確かに書き下ろしが増えています。特にこの頃、文藝春秋でも書き下ろしの時代小説が多くなっている。高齢の読者がこういう作品を読みたがるという傾向があるようです。

ただ、図書館に「蔵書として置いてある」のと「貸し出す」のでは全く意味が違う。こういう時代小説は、単行本がなく、いきなり文庫で出るわけですから、これを貸し出されたら、作家も版元も少なからぬ打撃を受けるわけです。

文庫は貸し出さないという了解をいただき、著者の了承さえあれば、「この文庫は書き下ろしで、著者の了解もあるので、貸し出しできます」という意味で、たとえばマークのようなものを本に付けることはできる。それくらいの努力はしますよ、出版社のほうも（笑）。

持谷：もうひとつ 2015 年の図書館総合展のときにわれわれが開催したシンポジウムでは、会場の図書館の方から出た質問として、「図書館仕様の本を作れますか」と指摘されました。要するに、図書館仕様の本というのがあってもいいのではないだろうかというご意見でした。松井さん、これついてはいかがでしょうか。

松井：例えば、それほど多くの部数は刷れないから、どうしても価格が高くなる本などでしょうか。

持谷：そういう図書館を対象としたビジネスモデルを考えることができるかということです。

松井：できるのではないでしょうか。それを全国の公共図書館がどれくらい購入してくれるのかという、ビジネス上の問題はありますけれど。ある程度の定価をつけて、適切な部数を刷って、それを図書館専用として置いてもらうことは可能だと思います。

持谷：岡本さんはいかがですか。

岡本：もちろん可能だと思います。その場合は、かなり頑丈なつくりにする必要がありますね。

持谷：それも一つの要素ですね。

岡本：繰り返し、繰り返し利用されても本がばらけることがないとかいうことも意識してつくって、それで価格を上げるということですね。そういうモデルという意味ですよね。

持谷：そうです。私たちは、図書館を市場として見るというのはどういうものなのだろうかということを知らない部分が多いわけです。堅牢な製本が良いなどのことはわかりますが、それだけではないと思います。では、いったい何なのか。そこにビジネスの可能性があるのではなかという気がします。根本先生は、どのようにお考えになりますか。

図書館でのプロモーションか

根本：例えば、書籍のライブラリーバージョンというのは、製本の質も含め、永久保存版を別に発行するということです。それは昔からあったやり方だし、欧米では今でもまだ若干あるのかもしれませんけど、だいぶ廃れたということがあります。例えばさっきの大江健三郎さんの本が文庫本で最終バージョンだというのは、ちょっと残念な感じがして、やっぱりきちんと単行書（本）として出してほしいというはある。そのときのマーケットが個人では難し

いとなれば、図書館をある程度意識したしっかりしたものを出すというものはあり得るし、実際、全集を出すというのは図書館がマーケットなのかなという気がします。

これまでもそういう考え方はあったと思いますし、それをもっと広める必要があるのですけど、それでほんとうに図書館の側がそれを蔵書にしてくれるかどうかが問題で、それはやっぱり選書方針とか考え方の問題ですよね。つまりマーケットに追随するような本の選び方をしている限りは、それはやっぱり同じ内容だったら安いほうがいい、どんどん貸したいというのに負けてしまいます。それだとマーケットとしてはなかなか作りにくいというのがたぶん出版社の立場だと思うので、ほんとうに図書館が、ライブラリーエディションが出たときに購入可能な状況にあるかどうかは、ちょっとここで簡単にはお答えできない。図書館それぞれの事情があります。昔は図書館とマーケットは一応分業していたと思うのですけれども、どこかで一緒になってしまった。かなり重なりが出てきた。それをもう一回分離するかというところで、なかなか難しい問題があるのかなという感じがします。

持谷：出版側が意図するものが受け

入れられるかどうかは分からないというのは、その通りだと思います。

また、今日いただいたアンケートの中で、多かったのが、「図書館でのプロモーションというのが、出版社は可能ではないでしょうか」というものでした。図書館でのプロモーションというのは、出版社側としてはどうイメージできるでしょうか。岡本さんや松井さんはイメージされたことはありますか。

岡本：どういう形でやるのかというのは、ちょっとイメージはしづらいです。しかし著者を呼んだいろんなイベントのようなものは今、書店さんの中でもしょっちゅうやっていますが、時間とスペースさえあれば可能だと思います。でもそれは書店さんの場合だったらそれをたくさん売りたいからやるわけだけど、図書館の場合はどういうインセンティブになりますかね。そこの1館だと1冊ですもんね。

持谷：ビジネスということだけでいえば、そうなるかもしれませんが、要するに図書館という場を使ってその地域なり住民の方々に告知して広げていくということは考えられませんか。

岡本：そういう意味では可能だと思いますけども。どうでしょう。

持谷：文藝春秋では、芥川賞の授賞

式のパブリックビューイングを行った時の場のひとつに図書館も入っていたようにも記憶しているのですが、そういうことも含めて考えられるでしょうか。

松井：ちょっと具体的に思い浮かばないんです。例えば作家が図書館に来て、書店でやるようなイベントをするなどでしょうか。

持谷：図書館では、作家がイベントや講演会を行うことは往々にしてあります。その人の著作がどう書かれてきたか、というようなことをご本人が話されますが、そうしたイベントに積極的に出版社が関与するということはイメージできますか。

松井：どうもビジネスということを考えすぎるのか、なかなかピンときません。よく考えてみます。

持谷：分かりました。こうした具体的なことも含めて、これから先に向けて出版社と図書館で何ができるのかということを一緒に考えていくことになるのかなと感じています。

それでは最後にみなさんに、出版社・図書館のことについてどのように考えていけば良いのかということも含めて、一言お願いしたいと思います。では、岡本さんからお願い致します。

岡本：私が言い足りなかったことと

いえば、例えば既刊書をいかに買っていただけるかということです。先ほど、出版社にとって在庫というのは非常に大きな圧迫になると申し上げましたけれども、長く売れていくというのは非常にいいモデルなのです。「ベストセラーよりロングセラーを」という言い方よくしますけれども、そういう形で既刊書をできるだけ多く買っていただけるというのが、われわれにとっても非常にありがたい。ただ岩波書店で見てみると、ここはだいたいですけれど、図書館が買ってくださる新刊と既刊書の売上の対比は7対3ぐらいです。つまり新刊書のほうがはるかに多い。今、全国3,000くらい（公共図書館が2,200で大学図書館が800）の図書館に新刊案内を送っていて、それはかなり読まれていてご注文も多いのですが、同じような形での既刊書についての情報発信は、やはり少し弱いかもしれません。こういった既刊書がありますよ、こういう全集がそろえてありますよということを、もう少しこちら側が積極的にアピールしなきゃいけないのかなと思っているところです。

持谷：私たちが思う新刊書という区分、図書館の思う新刊書という区分は違うと思います。岩波書店では、新刊書と既刊書をどうやって区分

していますか？

岡本：いろいろな区分の仕方があるのですけれども、だいたいその年度の前を既刊書と言います。

持谷：その年度で刊行したのが新刊書。

岡本：はい、そうです。

持谷：では、松井さん、お願いします。

松井：とにかく出版社の実状といいますか、文庫ってなんなの、出版社の中でどういう位置付けなんですかといったことを、図書館の皆さんに説明というか、訴える機会を与えていただいたことに、すごく感謝しています。あんまりご存じないですよね、文芸誌がどんなにひどい状況にあるとか。ひどいって、採算の面だけですよ（笑）。単行本も同じような状況にある。そんな中で、なぜ文庫本は貸し出さないでくださいとお願いしているのか、ご理解いただけたかどうかは別にして、訴える機会を与えていただいて大変ありがたかった。

昨日朝日新聞に記事が出た直後、年金で暮らしている人から電話があったという話をしました。私自身も三人の方の対応をしたのですが、その人たちも、話しているうちにわかってくださるんです。高齢者はお金がまったくないわけではなくて、

何か余裕がないんですよね。本を買うというのは、心の余裕じゃないですか。心、気持ちの。それがなくなっている。「余計なお金は使わないぞ」と自分に言い聞かせている。

年金というのは、2カ月に一回支給されますよね。偶数月の15日に。支給日には、ある程度まとまったお金が入るわけです。私は66歳ですが、友人たちもその日は本屋さんに結構行くそうです。それで、どうしても買いたかった単行本1冊と文庫本を3冊買ったりする。それで2カ月楽しむんだと。藤沢周平さんや池波正太郎さんの文庫を買い揃えたりするんですね。今回の単行本1冊は何にするかを一生懸命考えるんだと。それが気持ちの、心の余裕だと思うんです。本は買うもの、自分の書棚にその足跡が残るわけです。さっきマインドと言ったのは、本は借りるものなんだ、図書館で貸してくれるんだ、文庫もいっぱい置いてあるぞ、新書もいっぱい置いてあるぞ、コミックまであるぞとなったら、本は買うものだという基本的なところが崩れてしまうんじゃないか。そのことを今日は申し上げたかったのです。

仲間でもうひとり、孫に毎月1冊本を買うというやつがいます。『ハックルベリー・フィンの冒険』を最初にプレゼントしたら、「こんな本があったんだ。おじいちゃんの選んだ本は面白い」と喜ばれたものだから、頑張って毎月買うそうです（笑）。

だから私はマインドを強調したい。利用者のマインドを変えるために、図書館の皆さんにも協力していただきたい。だから文庫を貸し出すのをやめてください（笑）。

持谷：松井さんのお人柄でしょうか、先ほどのご報告のときもそうでしたが、進行としてはどこで巻きのサインを出そうかと考えていましたが、出せなくなってしまいました。松井さん、今日はどうもありがとうございました。

松井：失礼しました。

持谷：では、図書館界を代表するというわけではありませんが、根本先生には難しい役割を押しつけてしまったようなところがありました。今日のお話を聞いて今後に向けて最後に根本先生にお話いただいて、今日はお開きにしたいと思います。

根本：今、松井さんがおっしゃった、借りて読むか買って読むかという二項対立は、私はあまり意味がないというか、必要ないと思います。要するに、読む習慣があれば、借りて読む、その環境を自治体が作ってくれればそれは借りて読むし、買う習慣があれば借りる人は買うことも

するだろうと思います。今のお話だって、孫に買ってあげるという話もあったわけですし、たぶんそのふたつはそんなに矛盾しない、両方あり得る話です。この問題については、やっぱり買いたい本と借りるので済む本とがあって、というのが私の基本的考え方です。むしろ大事なのは、その読む習慣みたいなものはどうなるのかということだと思います。

スマホでだって読んでいるといえば読んでいるのかもしれません。スマホで読むのと紙の本を読むのが一体どこが同じでどこが違うのか。こういう問題をきちんと考えておかないといけない。これは図書館界だけの問題じゃなく、教育の問題でもあり、ネットメディアとかも含めたメディア全体の問題でもあります。今後、ネットというものを介してどのように情報を伝えるかとかいうことを検討している状況だと思います。私どもの図書館に関わる領域でも、紙メディアとデジタルメディアとの関係の問題について考えておきたいということはあります。

やや宣伝めいたことを二点お話します。一つは10月26日に慶應義塾で「書籍のナショナルアーカイブ」という研究会をやることになって

います。こういう問題は図書館界にいても意外にきちんと理解されていない。10年以上前にグーグルブックスが世界の本をデジタル化して検索可能にすると表明したことが話題になりましたが、その後、グーグルブックスの問題は一体どうなったのか。それに対応して日本では、皆さまの図書館ではたぶん国会図書館がデジタル化した本の一部の送信を受けて利用できるようになっていると思います。こういうものを使って何をするのか、今後それが書籍の流通全体、あるいは書籍の図書館利用全体にどういう影響を与えるのかということをきちんと考えておかなくてはならないと思っていたところ、弁護士の方がチラシにある本（松田政行・増田雅史『Google Books 裁判資料の分析とその評価：ナショナルアーカイブはどう創られるか』2016年、商事法務刊）を出されて、これはなかなかすごい話だと。これは一度読まれるといいと思うのですが、図書館のことがかなり論じられています。ただ現実の今の出版流通に即つながるような、関わりのあるような話とは違うのですが、そういう図書館や出版のインフラ全体の変化も考えて、今後の情報メディアをどうつくっていくか。あるいはネットワークに

書籍の部分をどういうふうに入れていくかということを考えていかなければならないというのが一つです。あと、私は、今まで書き下ろしの本というのは一回も書いたことがないのですが、今回思うところがあって本（『情報リテラシーのための図書館：教育制度と図書館の改革』2017年、みすず書房刊）を書かせていただきました。これは基本的に読書論であり教育論です。図書館を中心に論じているのですけど、日本で、なぜ図書館がここまで発展が遅れたか、というのがテーマです。戦後間もないところでいろいろ仕掛けがあったのですけれども、それがきちんと機能していなかったのが、公共図書館をつくっていく運動が結構大きい力になって、今にきて、こういうイベントを開けるまで図書館と出版の関係が近づいたというか、出版界から見た図書館が重要なものになったと思います。そういう中で、じゃあ、本を読む人が増えているのかといったら、さっきのように、今後あと何十年かしたらほんとうに本の読者というのはいるのかという状況になりかねない。ということを考えると、非常に危機的な状況であるという意識を私も持っています。そういうことを考えるための著作として書かせていただい

ています。よろしかったらご覧いただければと思います。

そういうことで、借りて読む習慣は確かに公共図書館運動がつくったのですが、それ以前に買う習慣があったから借りる習慣も定着したのだと思います。もちろんその前に読むという習慣があるわけです。これはずっと継続していきたいというのが私の考え方で、短期的には今のような、文庫本をどうするかというようなことがあって、それはそれぞれの図書館に帰って収集方針なり、選書基準をちょっと考え直していただきたいなと思います。

今後10年20年のうちにすごく大きな変動が来るというか、もうその兆候はいろいろ現れていることもさっき申しました。そういうことに出版界の方々も私どもも、同じような問題意識を持っているということを確認させていただけたということです。以上です。

持谷：どうもありがとうございました。こうしたシンポジウムはまた切り口を変えて、皆さまと共に考えてくことが大切だと思っています。

そしてできることならば、図書館の人たちやそれ以外の人たちとも具体的な本の話をしていきたい、それが私たちの最大の願いです。本日はどうもありがとうございました。

2017 年 10 月 13 日実施
第 103 回全国図書館大会　第 21 分科会
「出版と図書館」アンケート・質問項目　集約結果
集約結果【回答数：56（図書館・45／出版社・2／その他・9）

◇「選書・蔵書」に関してお聞きします

1．自館での選書に際して注意していることをお教えてください。

【図書館からの回答】
①蔵書構成（42）②地域性（19）③作者（18）④出版社（16）⑤価格（15）⑥その他

・中高生向けの選書に関わることが多いため、内容が中高生に役立つものか、読みやすいものか、また手に取りやすい装幀かなど意識している。（学校）

・「文学」以外の蔵書や、引用・参考文献として利用価値のある出版物。（その他）

・資料としてのクオリティ。後世に残すべき資料かどうかについては、頭が痛くなるほど考える。（公共）

・設置学部に関連した学術書の蔵書構成。（大学）

・保存の観点から文庫よりも単行本を優先して購入している。（大学）

・特定の分野に偏らず、授業との連携に必要な本、生徒の関心が高い本を探している。主に新聞広告、書店、展示会、書評等を手掛かりとしている。調べもの学習では、信頼を持っている本を主とし、インターネットは「従」として扱っている。（学校・中学）

・地元の作者の資料は積極的に収集する。（公共）

・高額であっても利用者に有益であれば購入する。複本冊数を抑え、タイトル数を増やすようにしている。

・偏りはないか、出版社の規模に関わらず、きちんとした本づくりをしている出版社を見逃していないか注意している。（公共）

・改版・類書の貸し出し状況。図書の内容（索引や出典、文章、構成等）を重視して選書している。（記載なし）

・蔵書構成、地域性、価格を考慮しながら、作者の履歴がわかる本を選ぶ。持論の展開に終始している本は買わない。（公共）

・（地域の）産業構造や自治体の方針について考えて選書する。（公共）

・一般に購入されにくい高価本は積

極的に購入するよう心掛けている。（公共）

・多様性と信頼性を保つ棚づくり＋メッセージを発信する棚づくりを意識している。（政令指定職員・元図書館職員）

【その他からの回答】

①蔵書構成（1）②地域性（1）③作者（0）④出版社（0）⑤価格（0）⑥その他（0）

2．選書についての課題があれば教えてください。

【図書館からの回答】

①資料費（29）②予約やリクエスト（16）③品切れ（10）④情報量（13）⑤その他（0）

・分売不可。灰色文献（録音図書など）の収集が課題。（記載なし）

・中高生向けに最適だと思える本が全ジャンルにあるわけではないので、中高生用の本を選ぶときは迷う。（大学院生・図書館員）

・書架のスペース。（記載なし）

・目次情報は必要。目次情報がないと購入を見送る。資料費は切実に増やして欲しい。良書は片端から購入したい。（公共）

・話題の本を何冊も購入はしないが、各自治体内で、1館毎に1冊の同一書を買うことがある。ネットで予約が簡単にでき、予約本の数が

増えている。図書館蔵書検索サイトの「カーリル」の存在も大きく、住民以外で登録が可能であれば、一人の利用者がいくつもの図書館カードを持っていることもある。（専門）

・公立図書館では毎月予算が減らされていて選書は厳しい状況である。（公共）

・（同一タイトルで）文庫しかない（購入できない）場合がある（大学）

・本の品切れ、絶版のサイクルが早く、図書館が（本を）買い支えるポジションにあることを微力であっても考えてもらいたい。（公共）

・今年度は、図書費が昨年度の半額になってしまった。選びに選んでいる。（記載なし）

・図書館員の知識の低下や経験不足により、選書がベストセラー等に偏りがち。館内での類書のないものを購入するために蔵書の把握や、出版情報を集めている。（公共）

・出版社がどんな思いでその本を作ったのか、その本の過去からの繋がりや、将来への役割を担えるかなどを考えて選んでいきたい。（公共）

・資料費は年々減少。予約・リクエ

スト本については、当館の選書方針に合わないので、積極的に購入していないが、資料の中でも文庫やムック等の購入希望が増えており、対応に苦慮している。(公共)

・地方の図書館では、地域内に大型書店がない。結果的に特定の限られた選書ツールしか使えない状況になっている。(公共)

・図書館の実績として、目に見える数値を求められる（購入・貸出冊数など）。行政の中で生き残るためには、その数値を上げる必要があり、文庫や寄贈本問題にもつながるが、本当は図書館としては専門書などを揃えたいと考えている図書館が多いはず。(公共)

【その他からの回答】

・文庫本を借りるより、買うことの方が消費者の利益（実利）につながるような売り方、仕組みができなければ、買う人は増えないと感じる。

・資料費があれば、文庫の問題等解決できる。(大学教員・元図書館員)

3. 図書館とペーパーバック(主に文庫・新書)について、ご意見があればお聞かせください。

【図書館からの回答】

・体の不自由な人にとっては単行本より文庫本の方が読みやすいと言われたことがあるので、購入しなくてはならない場合がある。(記載なし)

・単行本の方が保存・提供の観点から最適。だが、ペーパーバックが良いと思う利用者の気持ちはわかる。どうすべきかは図書館の考え次第。個人的にはこだわらないが、図書館のスペースの問題もある。(大学院生・図書館員)

・新書は重要。一方、単行本の「文庫化」された本は蔵書する必要はない。(その他)

・ハードカバーの本を置くべき。利用者に理解してもらいたいが、その姿勢を(図書館が)示しきれていない。ハードカバーの買い替えもできなくなるのも障害。(公共)

・図書館としては文庫の蔵書は強度の観点からは向いていないと思う。一方で、高齢の利用者からフィジカルな理由で文庫を求められる。また新書についても同様だが、「今」というテーマをコンパクトに読める利点が文庫などにはあり、テーマによっては図書館に入れることも許してほしい。(公共)

・文庫は明らかに最も読者・利用者から求められる判型。日常的に一

番適しているから、読者・利用者の要望を考えると、文庫の価格も考えるべきでは。（専門）

・保存のことを考えると単行本を買うべきで、実際にそうしている。（公共）

・利用者はペーパーバックを好むので、なるべくそれを購入している。（学校）

・文庫本は、若い人よりお年寄りの利用が多い傾向。（公共）

・図書館の役割、出版文化を支えるという見地からも慎重な感覚で対応していきたいと思う。文庫オリジナルや（文庫等の）最小数の配備は、知らせる意味からも大切。（公共）

・文庫・新書が本を手に取るきっかけになることも多いので、広く利用者の窓口となるためにも配架することが必要だと思う。（公共）

・図書館としては利用者のリクエストにはできる限り応えたい。（公共）

・資料費と予約リクエストによって、文庫本の購入が決まってくる。（公共）

・文庫の購入には様々な理由がある。高齢化による身体的なアクセシビリティの問題、図書館予算の減少、棚スペースの節約、文庫になってからの改訂・加筆があったり

するので、購入をやめるのは難しい。（記載なし）

・松井社長からの話を聞く前は、文庫・新書の意識は価格と形態という関心くらいしかないまま図書館の蔵書として購入していたが、「文庫は買って読むというマインド」という言葉に図書館としてどう考えるか、問題提起していただいたと思う。（元公共図書館）

・1タイトルにつき、単行本があればそれを購入するが、ペーパーバックしかなければ、購入せざるを得ない。（公共）

・文庫の購入は、文庫オリジナルで発行されている書籍に限り購入する収集方針。（公共）

・ペーパーバックについての意見：あとがきは貴重。水濡れになりやすい。フォントの大きさが改版でよくなっている。文庫書下ろしがある。通勤する利用者に好まれる。高齢者も文庫を好む。しかし一方で、単行本があれば文庫は買わない。（公共）

・図書館と出版の共存のためにも単行本と重複する文庫本購入の抑制もあっていいのではないか。（公共）

・文庫新書オリジナルは蔵書したい。加筆・修正のある文庫版を読みたいとの要求も大きい。（公共）

・文庫が底本になるものもあるので、「文庫・新書」も一つの特性を持つ資料として図書館に置くべき。（大学）

・文庫化されたときに加筆や修正があると購入せざるを得ない。仕方なく購入している。高齢者のニーズもある。（公共）

【出版からの回答】

・文庫でしか読めない本の図書館での蔵書を否定しないが、一般的な文庫は価格も安い本なのでなるべく個人で買って読んで欲しい。（出版）

【その他からの回答】

・文庫等は、安いなどの理由以外に、障害者や年配者にとってニーズがあり図書館で欠くことはできないのでは。（大学教員・元図書館員）

・大学生によって文庫・新書を購入する層とまったく購入しない層に分かれていると感じる。（大学教員・司書課程担当）

・新書は読み捨て本が多く図書館での購入は不要。（行政職員・元図書館）

◇「図書館と出版」に関してお聞きします

1．どのような時に出版社の存在を意識しますか

①各分野での選書の際（37）②イベント（4）③話題の本の刊行時（16）④その他（0）

【図書館からの回答】

・文学賞受賞のニュース等を見た時。「夏の100冊」のような媒体を見ると意識する（大学）

・話題本に限らず本の刊行時は出版社を意識する。（公共）

・社会科学系出版物の出版社の考え方や出版内容・傾向等で意識する。

・一地方公立図書館の立場からは、新刊本貸出の制限期間等の条件を図書館協会や出版協会等で定めてくれるとありがたい。少ない予算での複本の購入は避けたい。また、市民のリクエストへの説明や対応も図書館だけがそれを担うのは難しい。（公共）

・出版とのイベントを図書館が協力して行い、本により近いイベントを開催し、相互理解を深めていく必要がある。（公共）

・出版社によっては（同じテーマであっても）内容・書きぶりなどが違い、内容に差がある場合もあるので、出版社のことは常に意識している。（記載なし）

・出版社の個性や強みを生かした企画に接したときに、見えない出版人の努力と知恵（＋知性）を感じ

る（行政・元図書館）

【その他からの回答】

①各分野での選書の際（2）②イベント（0）③話題の本の刊行時（0）④その他（0）

2．図書館との関係で出版社に対して期待するものがあれば教えてください。

【図書館からの回答】

①出版情報の提供（22）②品切れ書の改善（16）③図書館でのプロモーション（18）④その他（0）

・アマゾンに対抗できるツールの創出。（専門）

・オンデマンド出版による増刷。（記載なし）

・出版社から直接情報が図書館に届くと便利。書店や特定の選書ツールだけだと選書が偏ったりしてしまう。（大学院生・図書館員）

・出版情報は主に新聞の書評、トーハン・日版の書籍情報ツールから入手しているが、出版社から情報を提供されることを臨む。（公共）

・プロモーション的な観点から図書館で本を販売してみたらいいと思うが、管理面での障壁があり議論が進まない。（公共）

・協力しあいながら読書人口を増やしていきたい。危機であり、敵対している場合ではない。（公共）

・書籍が売れなくなったのは、少子高齢化と若者による、出版物以外のメディアへの接触機会の常態化ではないか。図書館 vs. 出版ではなく、協働で対応すべき。（公共）

・図書館界が出版界を理解するために、書協が出版研修などを図書館現場でやっていただきたい。（元公共）

・地域資料作成時の出版社による援助。（出版社に必要なのは、図書館で選ばれなかった本の傾向・原因を知ること。（公共）

・出版企画のプロセス、編集者の役割（作家との関係）、コスパなど出版社の見えない部分の努力について図書館員が勉強できる機会を設けて欲しい。（行政職員・元図書館）

【その他からの回答】

①出版情報の提供（1）②品切書の改善（2）③図書館でのプロモーション（1）④その他（0）

・電子書籍の図書館への提供（紙と電子の同時発行を求めたい）。（大学教員・司書課程）

3．図書館と出版、相互理解を深めるためのアイデアがあればご記入ください。

【図書館からの回答】

- 協議の場を年に数回設ける。（記載なし）
- 利用者や消費者の意見も交え、議論を広げる必要がある。（記載なし）
- 相互研修として、年単位（最低6ヶ月〜）で交換留学し、互いの業界を理解する必要があるように思う。出版社‐書店‐図書館のような相互研修が出来たらよい。（大学）
- 図書館にとっては出版物・著作者の多様性（が担保されること）は重要。図書館として、「著作者→出版社」の階層を支える方策を練る必要がある。（その他）
- 読書人口を増やすためのアイデアや企画を一緒になって考える月例会。（公共）
- 出版側が、図書館の実態や現場をよく理解し、把握する必要がある。交流のイベントがあっても、図書館の現場や利用者の現実を知らないで議論しても仕方がない。社会全体の流れもよく分析するべき。（公共）
- 出版社というより、市内書店との相互協力関係が必要。市民への書籍提供という点では書店と図書館は同じ立場にあり、相互の役割分担を明確化したい。このような観点から図書館利用者からのリクエストに応じるだけの選書にならないように気を付けている。複本は買わない方針を持ち、市内書店との連携をしている塩尻市の取り組みは素晴らしい。（公共）
- （出版社には）地方の図書館をもっと支援して欲しい。（公共）
- 今回のような研修会等の継続。書店の話も聞いてみたい。（学校）
- 図書館と出版界が交流しあって文学賞や研修の機会を共同で設けることも必要。（公共）
- 図書館はただ本を並べる場所ではない。一冊の本に対する興味から、他の本を読みたいという意欲を引き出していく機能があるはず。出版界としてはその機能をもっと生かしてほしい。（大学図書館）
- 出版社の方にも、学校図書館の現場を見学してもらい、何が求められているのか見ていただきたい。（学校）
- 両者の交流・協働を促す組織を立ち上げ、共同開発、意見交換やイベントを行う。（公共）
- このような状況になったら相互理解は難しい。同じ議論がぶり返されるだけ。一度両者で協力してデータを取り、ネガティブな関係なのか、ポジティブな関係なのかはっきりさせたほうが良い。（記載なし）

・選書会議の見学、図書館を舞台に個人情報のあり得ないシナリオがある。(公共)
・貸し出しは一人 2 週間までであり、そうたくさん回転しているわけではない。市民が本を買いたくなるような市民のマインドの転換の方に力を入れたほうが良いのでは？図書館では予約システムが使いやすくなっており、読む本が決まっていると急がなければ予約待ちになることも多い。一般の人が書店に足を運びやすい、行って買いたくなるような意識づくり等の観点から転換の仕掛けを考える工夫が必要。(公共)
・部分的に見れば、図書館が出版の利益を害している面もあるが、(両者の関係は) 総合的・全体的にみるべき。(大学)

【出版からの回答】
・全国図書館大会で毎年定期的に「出版界 vs. 図書館界」のセミナーをやってはどうか。

【その他からの回答】
・図書館に向けて：利用してもらいたい年齢層は？一方、実際に利用している最大ボリュームの年齢層はどの世代か。 出版者に向けて：購入してもらいたい年齢層は？一方で、実際に購入している最大ボリュームの年齢層はどの

世代。(大学教員)
・今回のように、根本先生が示した客観的データに基づいた話や、松井社長が述べたような、実態に基づいた踏み込んだ話、個人の思いを語り合える機会を設けていくことかと思う。(その他一般)
・出版向けの図書館セミナー。図書館向けの出版・出版流通セミナーの定期的な開催。(大学教員・司書課程)

4．今後共同で取り上げていくテーマがあれば教えてください。その他のご意見もあればお願いします。
【図書館からの回答】
・アクセシビリティ／図書館に対する行政評価 (貸出中心) を見直してもらわないと、現状は変わらない。今回の話は非常に面白かった。特に出版社の社長の方々から、市民向けの講座を行い、直接話をしていただけませんか。(記載なし)
・ヤングアダルト向けの教養本の実態など、多角的な知識やその実態が知りたい (大学)
・このような会をもっとやってほしい。できれば東京以外でも。(公共)
・電子書籍の今後の方向性。(学校)
・根本先生の指摘した、児童書の売れ方と図書館の関りについての

調査。（公共）

・乱発・品切れという出版側の問題、図書館が出版を支えていくということ、文化を守る役割を果たせるだけの図書館予算、そして選書する力をもつこと、これらは両輪として考えていくべき問題と思う。（公共）

・利用者のニーズを個人の要求の総和としてとらえるのではなく、何らかの想定に基づいた集団のニーズと考える必要があると思う。（図書館を含む）行政サービスを納税の対価と考える「消費者志向」的市民を前に、図書館がこれにどう取り組むか。この点がマーケットと利用者ニーズを再び分離するためのカギとなるだろう。（大学）

・市内の学校担当書店も店を畳んだ。学校図書館では、一般向けではない本も多く購入している。「平和学習」「18歳の選挙権」「アクティブラーニング」「米」「カイコ」など。出版社・書店が年々苦しくなっているのは理解しますが、以上のような本も出し続けていただきたい。文庫は学校図書館としてありがたいが、スペースと資金の関係で単行本がある場合は、文庫は買っていない。松井さん、文庫の実情と出版社の内情をお話

いただきありがとうございます。とても興味深い内容で今まで知らなかったことに気づかされました（学校）

・文庫オリジナルが増えている理由が知りたい。文庫がオリジナルの場合、リクエストが来ると断りづらい（公共）

・出版関係者・図書館関係者とのパネルディスカッション、シンポジウムは従来実施されているが、今後は消費者（利用者）、読者を交えた交流企画を行ってほしい。（元公共）

・美術芸術の政府援助の獲得、消費税対策。ブックレビューを創る。（公共）

・図書販売ルートの透明化、市場のオープン化。（公共）

・今回、様々な誤解を解くことができた。次は、「図書館で本を売る」をテーマに議論してみたら面白いとおもう（公共）

・人文会で出していた「人文書の棚の実態」（「人文書のすすめ」）も発行からだいぶ日がたっているがこういうリストは必要。「日販ブックサロン」等も重宝していた。新刊ブックサロン的なものは絶対に必要。（公共）

・日本の図書館で購入する本については公貸権の必要性から、複本は

数倍の価格を設定するべきだし、さらに新刊発売から 3 ヶ月は館内扱いにすべき。図書館では特定の個人に貸し出すと他の多数の人の読書を阻害するし、タダで貸し出すと著作者に何の便益も供しない。ネット社会で気楽に予約され、これを支えるためのコストをだれが負担しているのかを社会全体で考える必要がある。図書館の誰しもが根本から考える必要があるのでは。単行本を文庫化するサイクルについては時間をもっと長くすべき。（公共）

・電子書籍とオンデマンドの仕組みを知りたい。（大学）

【その他からの回答】

・出版を支えるものとしての図書館でもあるために、何が必要なのかを考えていきたい（大学教員）

・次回は、今回のセミナーを踏まえたうえで、図書館側主催で今回の返答的意味合いのセミナーを望む（出版関係団体）

・「書店と図書館の連携」の具体例として、「やまなし読書推進運動実行委員会」活動をめぐってセミナーを実施する。（その他一般）

・電子出版、電子図書館の関係。（大学教員・司書課程）

・一般参加で来た。利用者としては、やはり軽く持ち運びのいい文庫本を借りたい。主に漫画などは、一巻だけ図書館で借りて続刊は併設または近郊の本屋で購入できるようにしたらどうか。図書館をショールームのように活用するなど（一般参加者）

分科会を終えて①

「図書館での文庫本の貸出」について

根本 彰（慶應義塾大学文学部教授）

　2017 年全国図書館大会の第 21 分科会（10 月 13 日開催）では、持谷寿夫氏（みすず書房）、松井清人氏（文藝春秋）、岡本厚氏（岩波書店）とともに登壇した。本分科会の資料（図書館大会 HP に掲載されたもの。すでに削除されている）は、大会の前にその公式ホームページ上にアップされており、分科会開催前日 12 日の朝日新聞東京版の朝刊社会面（日経が夕刊）にこれを紹介する記事が出た。朝日の記事は「文庫本「図書館貸し出し中止を」 文芸春秋社長が要請へ」というものである。これをきっかけにして、マスメディアでの取材の事前申込みがあったといい、行ってみると NHK と TBS のカメラが入り、他に数社の新聞社から記者が来ているのが分かった。

　当日の NHK 総合の午後 7 時と 11 時のニュースで放映され、TBS ニュースでも放映された。新聞も、東京新聞、読売新聞、毎日新聞で記事になっているのを確認している。このなかでは、NHK が、この分科会の紹介だけでなくて、図書館での取材も行った上でニュースとして報道したのが目に付いた。いずれの報道も松井氏の発言を中心に、出版不況で本の売れ行きが落ちているなかで、文芸書出版社が文庫本の提供制限を図書館員に説いたという論調だった。

　このとき私は基本的に出版界と図書館界とをつなげ両立を模索する方向の発言が求められていると考えそのように述べた。このときは、「遅延的文化作用」という言葉を使って、図書館は出版社の市場を奪うような書籍の提供の仕方はしていないはずだと強調した。

　ただ、そのことからすると松井氏の発言は意外な側面をもっていたことも事実だ。文芸書を出す出版社にとって、文庫本は初期の単行書を十分に売り切った後に出す廉価版であり、あまり採算は問題にしていないと考えていたのに、それが重要な収益源だというからだ。図書館の遅延的作用が出版社の販売戦略とぶつかっているように見えるわけで、従来とは構図が変化してきている。それだけ、出版は追い詰められているのだろう。また、それに寄り掛かって文庫本をたくさん提供している図書館があるとすれば、それはそれで危機を共有していることになる。

松井氏の発言のなかで印象的だったのは、「本を借りるのではなく買う習慣を
もってほしい」と繰り返していた点である。私はこれで、彼の真意が理解でき
た。もともと日本人にとっては「本は買うもの」であったから、買うのではな
く借りる人が増えているとすれば、図書館が借りる習慣をつくりだしたからだ。
だから、私が「出版界と図書館界の協調を」と発言した部分について、彼は出
版流通における公と私の境を少し前のものに戻して、借りると買うとの境界の
見直しに協力してほしいと具体的にコメントしたのだ。これは、出版社の経済
行為としての出版活動なしで図書館の資料提供は成り立たないから、まず出版
社の経営の安定に協力してほしいということだ。これはこれでそこにいた人た
ちに訴える力はあったと思う。その場でアンケート調査が行われたがそこでは、
松井氏に反発する発言はあまりなかったようだ。

　けれども、ちょっと意地の悪い見方をすると、今回の件はニュースがどのよ
うに構築されるのかを知るのによい体験だった。そもそも、分科会の前日に朝
日と日経がリーク的な報道をしている。そして、多くのメディアが入り、報道
をした。松井氏は開口一番、前日あった新聞報道は自分の本意とすることを伝
えていないと発言した。しかしながら、実際の話はやはり文庫本を図書館では
積極的に提供するのを控えてほしいという内容だった。ただし、朝日の報道で
は「貸出中止」とあったが、そのときの発言はそこまで踏み込んだ強い要請で
はなかったと思う。

　マスメディア（ここには当然出版社も新聞社も含まれる）によって「出版社 vs.
図書館」という構図がつくられて耳目を集めた。私には、2 年前の新潮社社長
である佐藤隆信氏の「貸出猶予」の発言と同様に、松井氏が集まった図書館員
を相手にあえて悪ぶってみせることによって、多数のメディアを呼び寄せ、文
芸書出版の危機とそれを救うための手立てを世間に訴えたように見えた。図書
館大会の場はその出汁に使われているのだ。

　SNS では松井氏の発言に対する批判が強いようだが、それは物事の表面だけ
をみた判断だ。それだけ出版界は追い込まれていてなりふり構っていられない
部分があるのだ。真の問題は、特定ジャンルの出版社の危機というより書籍文
化全体の危機がある点だろう。読み手が減っているのは、少子高齢化が大きな
原因である。活字世代がそのまま歳をとっていて、文庫本の買い手もその図書
館での借り手も中高年層が中心である。彼らの一部が借りることをやめて買う
ことにしたところで、それほど大きな影響はないだろう。だが問題なのは、次

の世代の読み手が十分に育つことを妨げている状況がある点である。読書推進を唱えても読むのはせいぜい小学生までで、それ以上の世代に読む習慣が必ずしもできていないことが最大の問題ではないのか。今の中高年の後の世代が買い手であると同時に借り手でもある読者に育つのかどうかが問われている。

分科会では、児童書出版と図書館の関係が一つのよきモデルだと発言しておいた。図書館では児童書を複本で提供するのは当たり前のように行われているが、そのことを出版社や児童作家が批判したりすることはない。図書館が読者を育成し本の買い手を生み出し、それが次の世代の読者に引き継がれている。だが、児童書が売れ、借りられ、読まれても、それがそのまま継続して大人の書籍の読み手になるまで導くものになっているのかといえばなってはいないことが問題なのである。

ともかく今回の分科会への参加は私にとって、出版と図書館の関係を考えるだけでなく、メディアの在り方を考えるのにもよい機会になった。だが、図書館という領域がこのように注目され取り上げられる存在になったのだということも事実であった。そのことについてもまた考えてみたい。

「図書館での文庫本の貸出」について（2017年10月22日日曜日）より
https://oda-senin.blogspot.jp/2017/10/blog-post_22.html

分科会を終えて②

図書館は文庫を貸し出さないでください

松井清人（㈱文藝春秋 社長）

「図書館は文庫を貸し出さないでください」。私の発言に対する反響の大きさは、予想を遥かに超えるものでした。大会前日の朝刊で朝日新聞がフライング報道をしたことがきっかけとなり、当日は複数の TV カメラが会場に入って、落ち着かない雰囲気になってしまいました。「お騒がせ」は小社に付きものとはいえ、関係者の皆さまにはご迷惑をおかけしました。お詫び申し上げます。

　大会のあとも騒動は収まらず、ダヴィンチやプレジデント、弁護士ドットコム、北海道新聞など、新聞、雑誌、ネットニュースあわせて 8 件の取材を受けることになりました。発言直後は、ネット上に猛烈な批判の声が溢れたようですが（私はなるべく見ないようにしています）、マスコミ各社の反応はしごく冷静で、発言の意味するところを十分に汲み取り、議論の出発点にしようという姿勢がうかがえたのは何よりでした。一方、他の出版社からの反応がほとんどないのは意外でした。図書館に対する距離感の違い、文庫の位置付けが各社微妙に異なるからでしょうか。

　熱いエールを送ってくださったのは、作家の皆さんと書店さんでした。「よくぞ言ってくれた」、「日頃の思いを代弁してくれた」といった声が直接、間接に多数聞こえてきたのです。中でも、あるベテラン時代小説作家の「図書館が私の作品を置いてくれるのは、大変ありがたいし、光栄なことだと思っている。しかし、図書館に「資料として置く」ことと「貸し出す」ことではまったく意味が違う。そこをわかっていただきたい」という感想が、とりわけ印象的でした。

　一番気になったのは図書館の皆さんの反応ですから、分科会来場者のアンケートを大変興味深く読みました。まさに賛否両論。「利用者はペーパーバックを好むので、なるべくそれを購入している」「図書館としては利用者のリクエストにはできる限り応えたい」といった「利用者ファースト」にこだわる意見もあれば、私の発言の真意を理解してくださる次のような意見もありました。「図書館と出版社の共存のためにも、単行本と重複する文庫本購入の抑制もあっていいのではないか」「松井社長の話を聞く前は、文庫・新書の意識は価格と形態という関心くらいしかないまま図書館の蔵書として購入していたが、「文庫は買っ

て読むというマインド」という言葉に図書館としてどう考えるか、問題提起していただいたと思う」。

　大いに参考になったのは、図書館側からのさまざまな提案です。「（図書館と出版社の）協議の場を年に数回設ける」「利用者や消費者の意見も交え、議論を広げる必要がある」「出版側が、図書館の実態や現場をよく理解し、把握する必要がある。交流のイベントがあっても、図書館の現場や利用者の現実を知らないで議論しても仕方がない。社会全体の流れもよく分析するべき」「両者の交流・協働を促す組織を立ち上げ、共同開発、意見交換やイベントを行う」。

　そして、こんな意表をついた意見も。「今回、様々な誤解を解くことができた。次は、「図書館で本を売る」をテーマに議論したら面白いと思う」。私のお願いよりさらに踏み込んだ、刺激的な提案もありました。「日本の図書館で購入する本については公貸権の必要性から、複本は数倍の価格を設定するべきだし、さらに新刊発売から3ヶ月は館内扱いにすべき。図書館では特定の個人に貸し出すと他の多数の人の読書を阻害するし、タダで貸し出すと著作者に何の便益も供しない。ネット社会で気楽に予約され、これを支えるためのコストを誰が負担しているのかを社会全体で考える必要がある。図書館の誰しもが根本から考える必要があるのでは。単行本を文庫化するサイクルについても時間をもっと長くすべき」。

　何より嬉しかったのは、マスコミ各社の取材が一段落したころ、荒川区立中央図書館の館長さんたちが、小社までわざわざ足を運んでくださったことです。この図書館は、私が分科会での発言の中で、全蔵書数のうち文庫の占める割合が17.92％、文庫の貸出数は全体の25.6％と具体的な数字をあげたところです。突然の面談申し入れに「抗議か！」と身構えたのですが（笑）、荒川区立図書館の概要と、その目指すところを知っていただきたいという、まことに穏当で有意義な依頼でした。一時間にも満たないやりとりでしたが、この図書館に120人くらい収容できるイベントホールがあることを知り、ここで図書館と出版社、さらに作家を招いてのイベントが出来ないかという話になり、「やろう、やりましょう」と大いに盛り上がることになったのです。

　そのイベントの際に、「図書館で文春さんの本を販売することもできるんですよ」と言われたときは目から鱗、本当に驚きました。分科会での質疑応答で、司会の持谷さんに「出版社による図書館でのプロモーションは可能ですか」と聞かれたときは、「具体的に思い浮かばない。どうもピンときません」と答えた

私ですが、図書館の皆さんと直接話しているうちに、アイデアがいくつも湧いてきたから不思議です。

　まだ本決まりではありませんが、他の区立図書館からも、公開シンポジウムへのお誘いがありました。全国で 3,000 館以上ある図書館のほんの一部かもしれませんが、「出版社の事情も聞いてみよう」という動きが出てきたことは、共存共栄に向けての大きな一歩と言えるのではないでしょうか。

　時間が許す限り、地方の図書館にも足を運び、依頼があればイベントにも積極的に参加したい。そして私は、繰り返しお願いするでしょう。

「図書館の皆さん、文庫は貸し出さないでください」

分科会を終えて③
全国図書館大会第21分科会　アンケートを読んで

岡 本 厚（㈱岩波書店 社長）

　出版社と図書館は、ともに「本はよいものである」と信じる共同体の一員だと思っています。しかし、日常的には情報交換をするような場がなく、この分科会はたいへん貴重な機会でした。図書館に関わる多くの方の意見に触れることができ、また図書館が置かれている現状についても認識を深めることができたことに、まず感謝いたします。

　「本を読む人」「本の好きな人」を育て、広げ、それによって、誰でも生きやすい社会を作っていこうとする志は同じだと思います。しかし、出版社と図書館は、仕事のやり方も運営の仕方も、お金の感覚も、マインドもまるで違うと思います。その違いは、お互いあまり分かっていなかったかもしれません。その意味で、出版社と図書館が、交流を深め、お互いを知る機会がとても大切だと思いました。

　いまや本は買って読むのではなく、借りて読むものという読者が増えている、つまり読書のスタイルそのものが変わってきているのではないかという意見も、出版界のなかに出て来ています。そうであるならば、出版する側としては、それに応じた本のつくり方、売り方を考えなければならない、ビジネスモデルを変えなければならない、という考えも出てくることになります。

　出版社―取次―書店という、100年も続いてきた出版の流通システムが、いま大きな変動の中にあり、このままでは維持できないところまで来ています。デジタル化やネット書店への対応だけでなく、出版社は図書館との関係を再構築する必要も出てきているといえます。

　本は安く、たくさん買ってもらう、というのが長らく日本の出版のビジネスモデルでした。文庫、新書がその典型ですが、単行本でも海外と比較して相対的に安いと思います。先日、アメリカで出たトランプの暴露本の原書は3,000円近いのに、翻訳された日本語版が2,000円以下になるのはおかしいじゃないかと、ある大手書店の社長が怒っていました。本は安くないと売れないという感覚が日本の出版社にはあります。そしていま、本はたしかに安いが、しかし、たくさん売れなくなってきた、という局面に至って、出版社は追い詰められているわけです。文庫の問題が出てきた背景には、こういう事情があると思いま

す。

　一方、参加した図書館の方たちのアンケートを読みますと、文庫購入の理由として、読者・利用者の要望、特に高齢者から文庫版の要望が多いのは意外でした。他に、棚スペースの制約などとならんで、図書館予算の削減が挙げられていたことは、強く印象に残ります。棚スペースも購入費も、どちらも予算削減の問題なわけです。松井社長は、文庫は個人の読者に直接安く、そしてたくさん売りたいのだから、図書館では買うのを控えてほしいと言うのですが、図書館のほうでは、予算が絞られていくから安い文庫を買うのだ、というわけです。アンケートの他のところでも、多くの方が、図書館の抱える問題として図書費の減少・削減に言及されています。ある回答者は、「図書費が昨年度の半額になった」と書かれていましたが、1年で半減はいくら何でもひどい話です。ここに、文庫のことにとどまらない現在の図書館問題の一つの源があると思いました。行政の無理解にたいする図書館側の苦悩というか憤りがあると感じました。

　また、市中の書店との役割分担についての意見に触れることができ、とても示唆に富み、刺激になりました。出版社、書店、図書館は、いずれも読者に本を届けるという役割を担い、さらに「本を読む人」「本の好きな人」を少しでも増やしていきたい、という1点では共通しています。だからこそ、それぞれがそれぞれの特性に合わせた働きを強めていくことが必要なのではないかと思います。図書館とも、そしてもちろん書店とも、対立ではなく協働が必要だと思いますが、その協働の前提として、各々の役割や要望を各々がさらに明らかにしていくことが求められているのではないでしょうか。松井社長が投げかけられた問題そうしたことを考える一つの契機として、出版社として、たとえば選書のための情報整備や情報提供の方法、児童書や専門書など分野別の分析、さらに、文庫や新書なら自分で買いたいというマインドを醸成していくにはどうしたらよいか、といったことも、ともにこうした場などを通じてこれからも考えていきたいと思いました。

　本という存在が、人間にとって、あるいは人間社会にとって、必要不可欠のものであり、人が本を手にすることができなくなるような状況は、いかに不幸なことか、その社会をいかに危険にするかということを、出版界と図書館界の共通の認識として、広くアピールしていくことが出来ればと思います。あるいは、もっと具体的には、図書費の維持・増額を目指して、自治体や議会などに

向け、出版界と図書館界が共同で要望を出すなど、一緒に行動することができるといいと感じました。

　いずれにしろ、本を単なる商品として扱ったり、読者を消費者としてのみ捉えたり、あるいは図書館を販売先としてだけ考えていたのでは、あまりに寂しいというだけでなく、展望も開けず、出版社としても足下を掘り崩すことにしかならないと思います。そうなってしまえば、読者は図書館を「無料貸本屋」として扱うことになるでしょう。それは出版社にとっても、図書館にとっても、読者にとっても、何より本にとって、不幸なことだと思います。

図書館関係者からのコメント

本分科会に参加してみて、図書館と出版界との関係と協働について考える１
千野国弘
（山梨県立図書館）

　「無料貸本屋」と揶揄され、「本が売れないのは図書館のせい」と非難される
たびに何か掛け違っているもどかしさを感じている。それでも出版と図書館に
ついては関係者による様々な議論があり、図書館を悪者にする論調も沈静化し
て図書館の機能や役割についての理解も拡がっていると思い込んでいた。しか
し、2015年2月に行われた日本文芸家協会主催のシンポジウムのタイトルは「公
共図書館は本当に本の敵？」である。これにはちょっと驚かされた。営業利益
を阻害する存在として短絡的に敵視する立場の方もいるだろうと分かっていて
も、「本」の敵とは…。紙魚やゴキブリ以下の存在かと悲しくなった。この対立
には根深いものがありそうだ。図書館はむしろ作家や出版社を支える位置にい
て、大げさではあるが新しい知的生産の「ゆりかご」となる役割をも果たして
いるつもりなのだが。掛け違いのもやもやをすっきりできないかと参加した本
分科会では、すっきりとはいかないまでも、出版界側の事情や想いを知ること
ができた。業界を代表する方々のお話を直接伺う貴重な機会が得られ、大変有
益な分科会だったと思う。

　前日に、文藝春秋の松井社長が「文庫本の貸し出し中止を要請」するとの新
聞報道があり、テレビ局の取材カメラが並んだ会場には緊張感が漂っていた。
ややセンセーショナルに伝わった感のある松井社長の主張は、確かに文庫本の
貸し出しをやめてほしいとするものだったが、少しニュアンスが違っていた。
文芸出版の厳しい実情を訴えながら、「読書のマインドの問題」という言い方で、
読書行動の変化とそれに呼応した現在の図書館のサービスや選書の在り方に疑
問を投げかける意図を持った発言だと感じた。出版が事業として成り立つため
の条件や、一方で利益を度外視しても出さなければならない本があるという出
版社の矜持を示され理解を求めていたが、それを出版社側の問題だとして切り
捨ててしまってはいけないだろう。文庫本だから収集しない、貸さないという
のは考え方としてまったく賛成できないが、これはむしろ図書館の役割や機能
の再確認を促す問題提起だと受け止めた。岩波書店の岡本社長も、専門書系総

合出版社としては、販路としての図書館に大きな期待を持っているとしながら、やはり図書館の公共性の在り方について懸念を示される場面があった。消費者である利用者にどう向き合うかも問われているという指摘は、程度の差こそあれどの図書館でも直面している問題ではないか。岡本社長は、図書館は読者と本の出会いの場として、あるいは読者を育てる場として重要だとしており、公共性をキーワードに出版界と図書館界が協働していけるのではないかと提起した。最初に報告したみすず書房相談役の持谷氏も強調したことだが、出版界と図書館界が互いをよく知らないままでいる現状があり、互いの多様性を知ることが議論の、さらには協働の前提だろうと考えさせられた。手前味噌ではあるが、図書館と書店や出版社が互いを知り、連携しようとする山梨県の試みを紹介したい。

　山梨県では、行政と地元書店が連携して新しい読書運動を展開しようと、平成26年度から「やまなし読書活動促進事業(通称「やま読」)」を実施している。「やま読」は、平成24年に県立図書館長に就任した作家の阿刀田高氏の提案から、「地元の書店で本を購入し、親しい人に贈る習慣を定着させるような取組み」として始まった。贈りたい気持ちを綴った文章を募集する「贈りたい本大賞」、講演会で招いた講師とワインを傾けながら歓談する「本と作者とワインと」、図書館と書店を巡るスタンプラリーの「やま読ラリー」、その他、ビブリオバトルや共通テーマのブックフェアなど多彩な催しを実施している。特徴は、教育委員会と図書館、書店が一緒になって実行委員会を構成して全体の事業を企画し実施している点であろう。現在は県外の出版社や取次も委員として参加し、地元書店の社長を実行委員長として活動している。阿刀田館長は、「出版業もまちの書店もたいへん厳しい時代に入っている。図書館もかつてのようにただ住民に本を貸していればいいという時代ではない。作家や出版社などの作り手側はもちろん、図書館の仕事に携わるすべての者が出版文化の将来に責任を持つべきだ。」と述べており、特に地域の書店と協力して読書活動を推進し、地域活性化を図ることは図書館の大きな使命であるとして地元書店との連携を強く促した。この事業を進める中であらためて認識したのは、図書館と書店、出版社との近くて遠い関係である。図書館は非営利であることにこだわるが、様々な社会活動は営利的な側面を持っており、例えば書籍は出版流通の商品でもあることを忘れがちだ。書店や出版社の方と同じ立場にはなれないが、互いの理解により協働の可能性が拡がることが分かってきた。まだ現状はイベント中心の活

動で、協働の在り方を模索している状態だが、互いの理解を進め議論を重ねることで、慶応義塾大学の根本教授の発言にある「書物文化を支える重要なパートナー」となって目的を共有し、新たな運動を展開できるのではないかと考えている。

　松井社長の、文庫本は買って読んでくださいという呼びかけは出版社として至極当然のことだが、図書館で文庫本を貸さないでくださいとなると反論せざるを得ない。しかし、本分科会の議論を聞いていても、「やま読」で接する書店、出版社の委員との話の中でも、出版不況が止まらない状況でそのような発想が生まれることは理解できる。文庫本を貸すかどうかではなく、背景にある図書館の在り方に対する疑念に答えていく必要があると感じた。公共図書館は、規模の大小にかかわらず、その地域の知的インフラの一翼を担う施設だろう。公共施設として地域社会の中で果たすべき役割を持っており、その役割を果たすための蔵書構築、コレクション形成を図る必要がある。そのための資料収集、選書の重要性はいうまでもないが、分科会では図書館の現状に対して登壇者から不満や懸念が示された。根本教授は、図書館側の課題として、「要求に沿った資料提供」という図書館界がとってきた戦略の成功体験が、一方でひずみを生んでいるということを指摘している。この見解に賛否はあるかもしれないが、出版界との議論を進める上で、あらためて確認しなければならないと考えたのは、図書館が向き合うべき利用者の要求とは、来館者だけではなく、未来の利用者も含めた地域社会のすべての人々のものであるべきということ。図書館は、利用しない人も含めた地域社会全体に対して責任を負っており、地域づくりを支える役割を持っているということである。「無料貸本屋」といわれないためにも、図書館の公共性の意味をしっかり考えて行きたい。

図書館関係者からのコメント

本分科会に参加してみて、図書館と出版界との関係と協働について考える２
池本幸雄
（元国立国会図書館副館長）

　このたび、第 103 回全国図書館大会第 21 分科会について、図書館の立場か
らのコメントを依頼された。私は、一応、これまで三十余年の間、図書館の世
界に身を置いていたのでご依頼があったものと思うが、在職していたのは国立
国会図書館だけだったので、図書館界を代表するというにはいささか面はゆい
ところがある。図書館と出版界という場合の図書館は、例えばベストセラーの
貸し出しなどに代表される問題に関しては、主として公共図書館が対象になる
だろうから、厳密な意味では評者としては最適ではないような気もしている。
退職した今は、公共図書館の一利用者として、図書館の有難みを十分に享受し
ているので、どちらかというとサービスを受ける側の視点が強くなってしまう
かもしれない。ただ、これまでも、図書館と出版界の関係については個人的に
は色々と感じるところもあったので、そのような視点で感じたところを綴って
みたい。
　私が全国図書館大会に出るようになったのは、退職直前から退職後にかけて
のことである。このところ、大会は毎年、東京で開催されてきたので参加しや
すく、特に図書館と出版界に関する分科会をのぞいていた。以前在職していた
国立国会図書館は、ご案内の通り、出版者から出版物を納入していただき、そ
れを保管、利用提供してきている。特に近年は、蔵書の電子化とその提供も進
み、また電子出版物の収集についても大きな課題となってきている。そのいず
れもが、出版界の理解と協力なくしては成り立たないものであり、そういう観
点から図書館と出版界がどのように協働できるだろうか、ということについて
関心を持ってきた。そして、今回も含め、出版にかかわる分科会に参加する都
度、出版側の言い分もよくよく分かる、けれど、そうは言われても図書館は図
書館の立場もあるので、どうもなあ……、という、誠に煮え切らない感想を持
ち続けてきた。結局、今回の感想もまた同じであった。
　前々回の大会でも、出版側から、図書館のベストセラーの貸出が本の売り上
げに与える影響について、訴えがあった。主張は勿論、売り上げだけの話では

なく、出版界と図書館の関係についての示唆に富む内容だったのだが、広く関心を引き起こしたのはやはり貸出問題だったと思う。そして今回は文庫本貸出の問題提起があり、マスメディアをも大いに刺激する結果となったわけである。

　先般の図書館によるベストセラーの貸出とその売り上げに関わる件も、まことに切実な話であったが、今回は、文庫本の出版社の経営に占める大きな位置について、実に率直な紹介があった。多分、文字には残したくないであろうところまで内実をお示しいただき、文庫本がいかに稼ぎ頭となっているかを初めて認識したのは、多分私だけではなかっただろう。文芸のライフサイクルとして、すべてではないだろうが先ずは文芸誌に掲載され、それが単行本化されたのち、文庫に納まるという流れがあることは、一般に知られているところだ。文芸誌については、例え近年かなり売れるようになってきたとはいえ、大いに儲かるとはとても思えないが、単行本も、大ヒット作は別として、決して良い稼ぎをしていないという。結局は最後の文庫の売り上げによってようやっと元を取る、ということなのだそうだ。文庫本は単価も安いので、余り出版社の収益に貢献していないのではないかという一般の思い込みとはどうも違う構造になっている。今回分科会で、その辺の事情がよく分ったのではあるが、さて、図書館で文庫本が貸し出されると、出版社には大打撃だと言われるわけだが、そうはいってもなあ、と溜め息を漏らすしかない。図書館人としてもそうだし、今の私のように一般の図書館利用者からしても、その説を受け入れるのもどうもなあ、という感想を持たざるを得ない。

　ただ、こんなことを書くと怒られるかも知れないが、良く売れるものを図書館で貸し出すことと、出版社の売り上げ減少との間に、本当に強い相関関係があるのかどうかは、ちょっと冷静に考えてみる必要はありそうに思う。分科会でも、必ずしも相関関係が強くない、という研究の紹介もあったところであるし。それに、超ベストセラーになると、図書館でも予約が殺到し、待ちが三桁の数字になることも珍しくない。そうなると、実際に予約者のところに回ってくるには相当の日にちがかかるだろうし、そもそも予約そのものを諦めてしまう人も多いのではないだろうか。となると、必ずしも販売減少には直結しないことも有り得る様に思うのは甘いだろうか。

　もっとも、図書館側が貸出至上主義に走ることもあまり宜しくないようにも思う。今日、公的機関で事業評価、行政評価を行うことは必須であり、図書館もまた例外ではないのだが、その評価の指標として貸出冊数などが指定された

りすると、その増加が第一の目標になってしまうこともあるのではないだろうか。評価の手段としては確かに思いつきやすい項目ではあるが、それだけをもって図書館活動を評価するのはやはりいびつなことだと思う。

　ベストセラーや文庫本の図書館による貸し出しの「問題」を図書館としてどうとらえたら良いか。結局は、図書館は何のためにあるのか、という原点に戻って考えるしかないと思っている。当たり前のことであるが、図書館は出版物を集め、保管し、利用者に貸し出したり閲覧を提供したりする場所である。収集、保管の機能については、国立国会図書館や都道府県立図書館などが主として役割を担うであろうが、利用提供、特に貸出は一般に公共図書館の大事な仕事である。この利用提供、館内での閲覧提供、館外への貸出は、読書推進、生涯学習、自己研鑽などに資するものであるし、もっと言えば、知る権利の保障、読書機会の均等な享受や、読書環境に恵まれない人たちへの支援という意義づけももっているだろう。だとするならば、それがベストセラーであろうと文庫本であろうと、図書館が収集し提供することをやめることは考えられない。場合によっては複数部数を持つことも必要になろう。ただ一方、貸出第一主義に絡め取られて、何十部も持つということもまた不要な話なのであろう。では何冊が適当なのか、答えは持ち合わせないが、図書館が社会に対して何をすることが期待されているかを考えて対応するしかないように思う。

　今回分科会での提案は、ともすれば「図書館は文庫本の貸出をやめてくれ」というキャッチフレーズでやや扇情的に取り上げられた。ご提案者は、この報道のされ方については大変憤っておられたが、徒に出版界と図書館界の間に対立をもたらそうという意図ではなかったことは、大方には理解されているのではないだろうか。むしろ、今回の提案は、一般読者に対して、文芸を支えてほしいという強いメッセージを発した、というのが正しかったのではないだろうか。

　といろいろ書いてみたものの、やはり結論めいたことは言えずに終わった。この問題は、暫くは続いていくものと思う。今はため息をつくしかないけれど、冷静な整理がなされる必要があるというのが当面の感想である。

まとめの言葉にかえて

図書館と出版界は卵とニワトリ？

森　茜（公益社団法人　日本図書館協会理事長）

　図書館と出版界の関係は卵とニワトリの関係に似ている。卵が先なのかニワトリが先なのか、果てしない堂々巡りの関係だ。

　ただ一つはっきりしていることは、図書館は、出版文化が無ければ存在そのものの基盤がない。出版界は、図書館という読書教育者がいなければ、出版文化を支える読者層の広がりを開拓できない。

　書物が出版されなければ、図書館はその商売道具を手に入れることができない。図書館という大衆読者層の育成機関が無ければ、世の中には、ごく限られた好事家の読書人しか生まれない。

　図書館と出版界は、お互いに肥やし続け、時には、お互いが投げたボールの余波をお互いに蒙りあっている。その一角に書店というものが介在すれば尚更だ。図書館と書店と出版界は、三つ巴の紋のように、果てしのないスパイラルの中で、互助関係にある。

　この数年来、日本書籍出版協会と日本図書館協会が協働で始めた活動は、このスパイラルをプラスのスパイラルに変えようという活動であり、本件シンポジウムの報告　書もその一翼を担っている。

　このシンポジウム報告書が、卵とニワトリの関係を一層密にしてくれることを確信し、関係者への謝意に変えたい。

MEMO

MEMO

MEMO